中国人力资本测算与经济增长研究

陈润 著

人民日报出版社

北京

图书在版编目（CIP）数据

中国人力资本测算与经济增长研究 / 陈润著. —北京：人民日报出版社，2023.10

ISBN 978-7-5115-7997-3

Ⅰ.①中… Ⅱ.①陈… Ⅲ.①人力资本—关系—中国经济—经济增长—研究 Ⅳ.①F249.21②F124.1

中国国家版本馆CIP数据核字（2023）第184016号

书　　名：中国人力资本测算与经济增长研究
　　　　　ZHONGGUO RENLI ZIBEN CESUAN YU JINGJI ZENGZHANG YANJIU

作　　者：陈　润

出 版 人：刘华新

责任编辑：蒋菊平　李　安

封面设计：中尚图

出版发行：人民日报出版社

社　　址：北京金台西路2号

邮政编码：100733

发行热线：（010）65369527　65369512　65369509　65369510

邮购热线：（010）65369530

编辑热线：（010）65369528

网　　址：www.peopledailypress.com

经　　销：新华书店

印　　刷：天津中印联印务有限公司

法律顾问：北京科宇律师事务所 010-83622312

开　　本：710mm × 1000mm　1/16

字　　数：200千字

印　　张：14

印　　次：2023年11月第1版　2023年11月第1次印刷

书　　号：ISBN 978-7-5115-7997-3

定　　价：59.00元

CONTENTS 目录

绪 论

第一节 本书研究背景

自改革开放以来，中国经济实现快速持续的增长，2010年中国GDP超过日本成为世界第二大经济体，2016年中国人均GDP已经达到8000美元，步入中等收入国家水平。过去40年中国经济的发展过度依靠高投资，高储蓄，低消费，以及对自然资源的过度利用和环境破坏，压低工人工资和"人口红利"等因素。近些年我国经济步入"新常态"，出现结构性减速，投资减速、投资回报率下降、劳动红利消失、人口老龄化社会到来、比较优势正在弱化，以及资源和环境的硬约束强化收紧等现实表明，单纯靠增加物质资本和简单劳动力的投入已无法满足经济增长的需要。近几年，中国经济增长速度持续放缓的情况下，陷入"中等收入陷阱"的风险正在加大，在某些方面已经出现如增长动能减弱以及经济转型困难的征兆，若不能及时准确地应对，中国经济发展或将出现大幅波动甚至长期缓慢增长，无法突破发展瓶颈。

国际经验表明，若一国在中等收入阶段，未能保持一个相对合理的经济增长速度，将会使这个国家陷入"中等收入陷阱"，经济会出现低增长甚至停滞现象。劳动力以及其他成本升高使得经济体与低收入国家相比丧失竞争优势，同时也无实力与发达国家在高科技产品和创新研发等方面竞争。因此，随着一国进入中等收入阶段，必然面对产业结构和技术水平的升级要求。而现代产业升级的核心是全要素生产率的提高，它表现为技术进步和资源配置效率的提高，这也是新形势下经济增长的主要源泉，而高水平的人力资本存量是全要素生产率提高不可或缺的要素之一。成功赶超的国家在经济高速发展的同时人力资本存量逐渐提高，陷入中等收入陷阱或正在赶超的国家存在人力资本积累不足的现象。另外，人力资本水平的高低与产业结构演进密切相关，发达国家尤其是人力资本水平较高的经济体在提高现代服务业在国民经济部门中的比例方面成绩更为突出，而陷入中等收入陷阱的国家科研能力薄弱，包括科研费用支出和科研人员比例过低，由此造成其全要素生产率难以提升。相比之下，中国在人力资本积累不足的现象更加明显，未来中国要跨越中等收入成功实现赶超，就必须提升人力资本水平，加大对教育尤其是高等教育的投入和运用。

当前中国经济增长动力衰弱，经济发展转型和产业结构升级的要求比较迫切，人力资本水平的提高和结构不断优化成为当前中国经济发展的必要举措。从我国经济发展阶段、产业结构现状以及国际成功经验都可以看出，人力资本存量的角色对于我国经济增长的重要性日益凸显。从这个意义上来讲，从人力资本的角度找到我国经济平稳增长和顺利实现内涵增长转变的动态路径，是一个值得深入探讨的问题，也是本书研究内容的现实背景。

第二节　选题理论和实践意义

把人力资本作为长期经济增长的内生因素，并以人力资本水平高低解释不同经济体之间增长率的差异，这是人力资本理论在应用方面的延伸，也是内生经济增长理论的一个重要研究方向。大量研究证据表明，经济体人力资本存量在一定程度上是经济实力的象征，同样也是经济增长的源泉。然而迄今为止关于人力资本测算方法和成果仍没有达成让学者满意的共识。近些年，中国关于人力资本和经济增长的研究也越来越多，但由于学者在测算方法、数据采用、指标选定以及建立模型等方面各有不同，研究结果也存在较大差异。我国学者研究实证结果显示，改革开放之后人力资本对经济增长的贡献率最高可达60%，最低不到3%。这表明关于我国人力资本与经济增长的研究仍需继续。

从20世纪60年代开始，关于人力资本的研究已经成为经济增长理论研究的一大热点问题，具有十分广泛的文献基础。经济学、人口社会学、教育学等一直以来都非常关注有关人力资本的研究。近年来关于经济增长中人力资本研究的博士学位论文也出现了快速增长。一方面，实证角度分析人力资本的影响因素，从识字率、入学率、性别、年龄、受教育年限、干中学等，扩展到成本支出、预期收入等综合因素；另一方面，人力资本和经济增长的理论研究也不断充实，现有的大量文献资料是本书研究的重要基础。另外本书研究具有很好的数据基础。随着我国大样本调查数据的逐渐开放，历年中国统计年鉴、中国人口统计年鉴、中国教育统计年鉴可以从公开渠道获得，由此通过分析家庭收入、在子女教育上的支出、不同程度人群受教育年限等数据可用来估算人力资本存量。另外通过大量学者对国内人力资本和物质资本存量研究文献可以得到关于经济增长各要素的数据。在人力资本的国际比较中可以通过世界银行、OECD、Barro-Lee.com、Wpt80、国际劳动组织CPS等数据库以及日本和韩国教育数据库中的关于宏观经济、产业转移、个人收入以及受教育年限等数据用来估算国际人力资本存量。

自改革开放以来，中国经济实现快速持续增长，引发学界对决定中国经济增长因素的高度关注。对经济增长的因素研究也从早期的投资驱动和人口红利逐渐转向其他因素的研究。在中国经济高速增长的同时，人均受教育水平大幅提高，同时在干中学的过程中，劳动力素质也快速提升[1]。诸多学者从

---

[1] 陈润：《经济赶超中的人力资本因素——基于国际经验比较》，云南财经大学学报，2017年第1期。

人力资本存量的角度来解释经济增长以及分析区域差异，也得到了学界的肯定。考虑到存在较大潜在工作量的问题，再加上数据可获得性、人口流动扰动、技术处理困难以及可行的参数估计等情况，给中国总体人力资本估算造成了一定困难，我国在全面系统估算自20世纪80年代至今的人力资本存量方面仍尚未有统一共识。

本书的理论意义在于：对人力资本的定义、起源、发展和现状进行系统阐述，并进行分析和评价，对关于人力资本的测算方法和应用进行评价和总结，以加深对测算方法的多重理解。通过收入法、成本法和教育成果法三种方法估算出中国人力资本存量，通过对人力资本的价格换算折旧方面重新定义，对测算结果加以分析和比较。本书的实践意义在于利用三种方法得出人力资本结合我国资本存量和劳动等数据，采用理论和实证两方面的研究与我国1978—2015年经济增长的关系，解释三种方法对经济增长的效应。另外通过对OECD和其他经济大国的人力资本测算，利用测算结果对人力资本与经济增长的效应研究进行跨国比较，希望对此后相关研究和政策层面有一定参考价值。

第三节　研究思路、研究方法

研究思路：本书通过阅读国内外有关人力资本理论和实证的大量文献，对人力资本的定义进行辨析，并对人力资本的测算方法进行深入理解。由于理解人力资本的内涵以及精准测算人力资本这一变量在人力资本理论中特别重要，因此本书在测算方法和估算结果上篇幅较重。本书借鉴诸多学者对我国人力资本的估计以及实证研究的文献，根据我国现有可得数据，通过收入法、成本法和教育成果法三种方法估算出中国人力资本存量，并对测算结果进行评述。再利用三种方法得出的估计结果结合我国资本存量和劳动等数据，采用理论和实证两方面的研究与我国1978—2015年经济增长的关系，解释三种方法对经济增长的效应。此外通过对OECD国家人力资本测算，把我国人力资本数据与国际发达国家相对比，利用测算结果对人力资本与经济增长的效应研究进行跨国比较分析。总结日本和韩国提升人力资本水平的政策经验以及产业结构变迁演进方面的突出成就，对我国提升人力资本和突破中等收入陷阱给出借鉴意义。

采取的研究方法：本书对人力资本理论和应用的分析主要通过文献梳理、理论模型与计量实证相结合，主要采用实证分析方法并与规范分析相结合。规范分析主要是从国内外的相关文献进行梳理，阐述关于人力资本研究的起源、发展和研究现状，对关于人力资本定义和度量指标进行辨析，对人力资本的测算方法进行改进和完善，并对测算结果和实际应用进行总结和评价。实证方面，通过我国1978—2015年有关人力资本各测算指标（收入、年龄、劳动、死亡率等；教育经费支出，科研支出、健康卫生支出等；受教育年限、入学率、各级师生比等指标）的数据，测算了三种度量方法的人力资本时间序列数据，综合分析衡量我国人力资本情况。并针对2014年和2015年我国各省际的有关人力资本受教育情况的截面数据，测算了我国2014年和2015年间各地区之间的人力资本存量。根据人力资本的时间序列数据与我国实际经济增长的数据构造理论模型，通过实证分析解释人力资本在我国经济增长中的作用，为最终的政策建议做好准备。本书还通过比较我国与OECD及其他大国的人力资本发展情况，对国际各国经济增长中的人力资本因素进行跨国比较分析，总结日本和韩国提升人力资本水平的政策经验以及产业结构变迁演进方面的经验，对我国提升人力资本和突破中等收入陷阱提出政策建议。

第四节　主要内容

绪论部分主要是系统阐述本书的研究背景、本书理论和实践意义、研究思路和框架结构、主要研究内容、可行分析及写作过程中可能遇到的困难、创新和不足之处，有利于读者更好地把握本书的研究内容和写作思路。

第一章为文献综述，对人力资本的概念进行界定，对人力资本理论、发展和现状进行梳理，着重分析了人力资本的测算方法，并对经济增长理论中有关人力资本的方面做了评述。本部分对人力资本理论发展历史中前古典时期、古典经济学时期、边际革命时期以舒尔茨和贝克尔为代表的现代人力资本理论进行了介绍，另外评述了以卢卡斯和罗默为代表的新经济增长理论中的人力资本因素，最后对人力资本测度中的指标设定问题进行了探讨。

第二章是本书的主体。本部分通过对三种人力资本测算方法进行阐述，根据我国现有可得数据，通过收入法、成本法和教育成果法这三种方法估算出中国人力资本存量，并对测算结果进行评述。具体步骤是对关于人力资本定义和度量指标进行辨析，对人力资本的测算方法进行改进和完善，并对测算结果和实际应用进行总结和评价。通过我国1978—2015年有关人力资本各测算指标的数据（收入、年龄、劳动、死亡率等；教育经费支出，科研支出、健康卫生支出等；受教育年限、入学率、各级师生比等指标），测算了三种度量方法下的我国人力资本时间序列结果，综合分析衡量我国人力资本情况。第一节通过收入法测算我国人力资本存量。本节首先对简单预期收入法、全面收入法、收入指数法等国内外有关文献进行梳理，并对其优点和缺点进行评价。首先进行一系列假定，对预期收入法进行修正，整理预期收入法中涉及有关指标的数据；然后对折旧率进行设定，估算了1978—2015年间我国全国人力资本存量和人均人力资本，对人力资本、物质资本和国内产出（GDP）进行比较。第二节通过成本法对人力资本投资进行测算。本节首先梳理有关成本法的文献，对国内学者测算结果进行比较；通过整理教育经费、健康支出、人口迁移费用和科研支出等方面的数据，测算了我国1980—2015年间的人力资本投资；同时还通过教育费用支出测算了我国1990—2016年间各省际人均人力资本投资。第三节通过教育成果法来测算我国人力资本存量。本节首先回顾测量人力资本的教育指标（教育总年限和平均年限）及研究文献；接着采用单一指标测算了2014年和2015年我国全国和各省际教育成果，此外通过简单指标法测算了1990—2015年我国各省际平均教育年限；最后以综合指标采用主成分分析法测算了我国2014年和2015年间各地区之间的人力资本存量情况，并对各省际人力资本差异做出解释。

　　第三章内容同样也是本书的核心组成部分，既是对前文测算结果的直接应用，也是进一步的深入和延伸。本章主要是对中国人力资本与经济增长的经验分析。第一节回顾有关人力资本的经济增长模型，并对新古典增长模型和内生经济增长模型进行比较评析。第二节描述和比较有关学者对我国人力资本和经济增长的关系的实证分析，并对其实证结果进行比较，加深人力资本的现实作用。第三节根据第三部分通过收入法、支出法和教育成果法对我国人力资本存量的测算结果，结合中国现实情况，构建适合中国的人力资本测算模型并得出估算结果。考察使用不同的人力资本指标对模型结果的影响分析，通过实证分析解释其在我国经济增长中的作用，探讨中国人力资本数据差异及其原因。

　　第四章主要研究人力资本的国际比较与经济增长效应分析。首先简述在进行跨国比较时各测算方法的可行性。然后选取合理的测度方法和指标对国际间人力资本数据进行标准化，使跨国比较变得更加合理和准确。第三节通过模型设定采用第二节的选取指标对OECD国家和一些经济体量较大的发展中国家进行测算，并得到各国人力资本总量和人均结果。第四节分析人力资本对经济增长的效应。通过建立模型，分析模型的固定效应、随机效应和混合效应。最后比较分析了OECD各国在人力资本水平、人均GDP以及产业结构的情况，借鉴日本和韩国在产业结构升级方面的经验。

　　第五章主要是通过比较成功赶超的日本和韩国在人力资本方面的经验，描述日本和韩国如何通过人力资本政策提升经济效率和产业转型升级跨越中等收入陷阱。并结合拉美、东南亚国家以及东欧等陷入中等收入陷阱国家人力资本方面的情况，分析在我国提升人力资本并成功实现经济赶超时期应吸取的经验和教训。

　　第六章是对本书研究结果的总结，针对我国人力资本水平发展的现实情况提出政策建议。

第五节　本书创新和不足之处

一、本书的创新

本书通过对人力资本测算的预期收入法、成本支出法以及受教育成果法的理论和应用的研究文献进行系统阐述，并对三种关于人力资本的测算方法进行改进和完善，根据我国现有可得数据，通过三种方法估算出我国人力资本水平，根据测算结果对中国人力资本与经济增长的关系进行实证分析。此外还测算了OECD国家的人力资本，进行国际比较，借鉴日本和韩国经验对我国人力资本发展提出实际政策建议。总结起来，本书可能的创新点主要体现在以下几个方面。

一是对国内外关于人力资本定义、测算方法以及其在经济增长中作用的研究文献进行系统阐述，归纳总结和评价。在国内关于人力资本和经济增长的大多研究文献中，人力资本一般是作为附属进行，且在进行变量估算时方法比较粗糙，而且一般没有将几种测算方法进行比较。普遍做法是采用单一的指标进行测算和实证分析，除收入和成本法外，大多学者是直接采用受教育年限来进行测算，忽视了其他教育质量指标。

二是在收集有关我国人力资本大量数据基础上，采用收入法对我国1978—2015年的人力资本进行估算，并与物质资本进行比较。本书通过一系列假定条件，修改了预期收入法。（1）假定当年人力资本存量为社会所有劳动者其一生预期收入的贴现值加总。（2）按照劳动者年龄将其分为不同类别。（3）假定参与劳动部分各年龄阶段的死亡率的均值为全社会死亡率。该变量具有平稳性，可用人口普查年份的死亡率数据推广到其他期间劳动者的死亡率。（4）假定贴现年数等于退休年龄减去劳动者平均年龄。（5）居民消费行为与其当期收入相关。（6）假定人力资本定义仅限于市场范围，忽略家庭内部劳务和就业率。通过以上假定，用预期收入法来估计人力资本存量。多数学者用受教育年限（包括总年限和平均年限）来代表人力资本，没有考虑各级教育质量和结构。本书的综合指标克服了对教育指标权重上设定过于主观的问题。通过主成分分析法对15种教育质量的指标进行加权因子分析，重新估计各类教育指标对我国人力资本的影响，并测算了我国人力资本的地区截面数据。

三是根据第三部分通过收入法、支出法和教育成果法对我国人力资本存量的测算结果，结合中国现实经济发展情况，修改和重建人力资本估计的模型。根据三种方法估计的人力资本测算结果，考察各个生产要素对经济增长模型结果的不同影响，通过实证分析解释其在我国经济增长中的作用，探讨中国人力资本数据差异及其原因。在人力资本的国际比较方面，将OECD各国的教育数据进行标准化得出人力资本数据，从宏观政策和产业结构演进的角度，比较成功赶超的日本和韩国的成功经验和失败教训，并以此说明提升人力资本水平对于一国尤其是正在追赶大型经济体以及处于经济转型的国家所起的巨大作用。

二、不足之处

我国在全面系统估算自20世纪80年代至今的人力资本存量方面仍未有统一共识。另外，由于数据可获得性、人口流动扰动、技术处理困难以及可行的参数估计等客观现实，给中国总体人力资本估算造成了一些困难。

一是不同的方法在进行估计测算时仍显得不尽完美。现代人力资本理论对人力资本的含义、作用、形成途径等各方面进行了详细阐述，形成了完整的理论框架，以及加上定量分析模型，使其成为一个独立的、全新的解释经济增长的理论体系。但同时有些经济学家也对此提出了一些批评，他们认为人力资本理论存在一些理论上和计量上的缺陷，不论是理论还是实际测算结果一般都经常夸大人力资本的估计结果。比如，用成本法进行人力资本投资测算时，个人或家庭所耗费的机会成本、时间成本、风险成本等一般不好进行精确测量。另外由于人力资本依托劳动者个人肉身而存在，再加上由于人的生产能力发挥因个人禀赋不同而各异，同时受思想、情感、经历和环境的影响，社会因素等对人力资本价值体现也有不同程度的影响。虽然在文献综述部分本书对人力资本概念和理论进行了辨析，但是在学者文献的研究成果时，关于人力资本的概念只能交叉使用。对于人力资本水平的估算，研究文献一般有基于成本支出的方法、基于收入法、基于受教育年限法以及对各指标进行整合法。由于教育成果法忽视了在职培训、干中学和健康保健等其他形式的人力资本，人力资本投入与产出数量之间并没有必然联系，再加上人力资本的各种支出对人力资本存量的作用不可测，因此，单纯的支出法则难以准确合理地对人力资本存量作出测度。收入法以个人赚取收入的能力来估算人力资本价值，由于无须考虑教育程度和质量、个人付出努力程度和个体天生禀赋的差异，因此较支出法其更为可靠，但现实中影响收入水平的因素太多（社会经济体制、个人机遇以及国家政策等），这也将造成估计结果出现较大的偏差。

二是不同口径统计数据之间的可比性和指标选取。本书研究的数据来源基础主要包括：历年中国统计年鉴、历次人口普查数据、中国社会经济调查（CGSS）、中国家庭收入调查数据（CHIPS）、中国人口统计年鉴、历年中国教育统计年鉴、中国家庭追踪调查（CFPS）以及其他学者研究文献中的数据，通过分析家庭收入、在教育上支出、不同程度人群受教育年限等数据可用来估算人力资本存量。由于数据统计口径不一致，数据来源较为复杂，因此，本书并没有清理不同的调查数据，也没有通过较完美的质量检验方法对数据进行检验。另外目前我国并没有提供比较完整的受教育年限和工资收入数据，城乡间庞大人口迁移和劳动力流动的存在也使数据可得性不尽完美，这都给本书的测算结果造成一定的影响。在人力资本的国际比较中：世界银行、OECD、Barro-Lee.com、wpt80，国际劳动组织以及CPS等数据库以及日本和韩国教育数据估算国际人力资本存量。虽然国外研究认为不同调查机构的数据具有可比性，但这会对研究结果造成一定的偏差，尤其是在国际比较中，许多国家的实际情况各不相同，特别是收入差距和教育质量特色各异，因此跨国人力资本的测算结果在有效性上存在一定质疑。关于人力资本测算的诸多细节内容还有待扩展研究。

第一章　人力资本理论的起源、发展与现状

在经济长期增长中，人力资本作为生产要素的历史是非常悠久的，但是长时间以来"人力"和"资本"却没有结合起来，因此关于人力资本的研究一直处于若隐若现的状态。直至20世纪70年代，舒尔茨和贝克尔先后正式提出人力资本理论，"人力资本"开始作为专业术语出现在经济研究的文献中，才得到国际经济学者的广泛关注。随着经济学理论的研究逐渐广泛和深入，大量学者不断加深对人力资本的研究，对人力资本在经济增长中扮演的角色仍然激发着经济学家的不懈研究。但人力资本的概念内涵以及对劳动者本身价值，在历史上经历了很长的时期。

第一节　人力资本概念的起源

几千年前古希腊德尔斐神殿里有一块刻有"认识你自己"字样的石碑，说明在神话时期人们就开始注意到认识自己及自身的价值。古希腊的苏格拉底将"认识你自己"作为自己哲学原则的宣言，开启了人类对知识的关注。他认为，自然哲学家们在哲学对象、目标、途径、方法等问题从世界观到方法论上皆无益于人生，指出自然万物真正的主宰和原因并不是物质性的本原，而是它的内在目的。由于人力不足以认识世界本原，从而转向对个人本身进行理性思考。他认为哲学的真正对象是认识人自身中的善。苏格拉底认为，

认识自己就是"德性"，原指事物的特性、品格、特长、功能，具体到人就是"人的本性"。苏格拉底认为，人并不是生来就符合人的本性，只有在理性知识的指导下才能认识心灵的内在原则。所以，苏格拉底主张知德合一，认为个人的正确思想可以指引行为，个人的知识储备是美德的源泉。

古希腊的大学者色诺芬第一次认识到了劳动分工在经济增长中的作用，色诺芬从大城市的角度联系分工对劳动生产率的影响，他提出通过劳动分工可以提高劳动者的技术和产出[①]。（1）色诺芬认为专业化分工能够使产品质量得到提高，由于单个劳动者不可能参与一切产品的生产环节，因此专业化分工能够使不同的劳动者熟悉各个生产环节，并且通过合作能够使得产品相对完美地生产出来，因此分工的存在对社会经济和生活是很必要的。

（2）色诺芬认为更为精美的产品能够通过劳动分工来实现，暗含了商品的自然属性这一概念，但他忽略了劳动生产效率同样能够通过分工得到提高这一经济原理。

（3）色诺芬认为分工能够使生产技术得到一定程度上的进步，并且认为市场越大，劳动分工也就越复杂，从这个角度上来说，色诺芬提出市场范围的大小能够限制劳动分工的精细程度的经济观点。由于大城市具有广阔的市场需求，因此大城市中对商品质量和种类需求也更多，所以大城市中的劳动分工会更为精细。威廉·配第和亚当·斯密等古典经济学家发扬了色诺芬关于市场和劳动分工的一些观点，结合经济增长并进一步发展了劳动分工理论。

柏拉图[②]认为劳动分工更大程度上源于劳动者的禀赋差异和消费者对需求的广泛性。柏拉图承认个人才能之间存在差异，这可以看作分工的必要条件。他还认为分工越广泛，社会福利水平也就越高，一个解释原因是劳动分工能够使得产品质量更好和种类更加多样化，同样也能使生产效率得到提高，由

---

① 色诺芬（公元前430－前355年），著名历史学家、哲学家，苏格拉底的门生，著有《经济论》《雅典的收入》《苏格拉底回忆录》等。
② 柏拉图（公元前427－前347年），古希腊著名哲学家，苏格拉底的门生。反对雅典民主政治，力图用唯心主义哲学，来证明政权应归于贵族奴隶主，而不应该归于贫苦大众。主要著作：《理想国》《法律论》。

此增进社会福利水平。柏拉图还从阶级的角度阐述了劳动分工的作用[1]。

法国16世纪哲学家笛卡尔以怀疑论作为追求理性知识的原因，他认为所有权威的、感官的甚至科学的知识都可以被怀疑，直至某个不能被怀疑的命题，他提出"我思故我在"的论点，该理论中的"我在"是本质的存在。柏拉图认为这个"存在"是"理念"，亚里士多德则认为该"存在"是事物的"形式"[2]。笛卡尔把思维和肉体区分开来，确立二元论的思想体系，划分了思维与存在，他促进了理性解放，极大地改变了人类的物质生活世界，开启了近代西方哲学的知识化与理性化时代。

德国哲学家康德通过"三大批判"构成了他的伟大哲学体系。"纯粹理性批判"研究的是人类如何认识外部世界的问题。他认为是人在构造现实世界，在认识事物的过程中，人比事物本身更重要[3]。康德甚至认为我们只能认识事物的表象，不可能认识到事物的真性。康德的著名论断就是：知性为自然立法。康德强调人的主体性格，这从某种意义上等同于肯定自我价值的创造。

第二节　古典经济学的人力资本思想

古典经济学把生产要素分为三个部分：土地、劳动和资本。由于土地具有不可再生性，其数量和质量比较稳定，而当年有关资本的概念大多局限于实物和货币资本，因而有关人力资本方面的思想基本都是内含于劳动这个生产要素之中，并没有单独把人力资本看作生产要素纳入经济增长的分析中。但还是有不少古典经济学家对人力资本的理论进行过深入探究，并取得重大成绩。

古典经济学的先驱威廉·配第第一次正式提出人力资本的概念。他提出

---

① 柏拉图：《理想国》第1卷，商务印书馆1957年版，第74-75页。
② 亚里士多德：《政治论》，商务印书馆1965年版，第15页。
③ 邓晓芒：《康德〈纯粹理性批判〉句读》，人民出版社2010年版，第64页。

"土地是财富之母，劳动是财富之父"的著名论断，系统阐述了劳动价值理论[1]。威廉·配第认为国家经济总量与人口数量和素质密切相关。他指出劳动分工的产生和专业化的细分可以通过集中效应来降低手工行业和制造业的交通和运输成本，成本降低又使生产者的经济效益得到提高。他认为若想提高一国经济实力，应加大对劳动者教育培训和专业技术的投入，提高劳动者的素质。他将从事生产性劳动的人数看作经济增长最重要的因素，他把一国的人口划分为物质财富或其他实际价值的生产者（主要是土地耕种者、手工业者和海员），以及非生产者（医生、僧侣、律师乃至政府官员）。配第在《政治算术》一书中通过使用数字、重量以及尺度等工具测算了英国人口的货币价值，比如假定英国海员每周收入为十二先令，假定从事农业生产的劳动者每周收入为四先令。同时还说明了移民对英国经济的重要影响。实际上从某种意义上来说，这已经是正式的人力资本测算方法。屠能认为人力资本一定程度上可以替换成物质资本，他通过比较士兵死亡率和军械的保护程度的相互替代，指出士兵的生命同样也是有价的，不能为拯救少量大炮而葬送更多士兵的性命[2]。杜尔阁认为社会结构可以分为生产者和不生产者，生产者又包括农业工人和农业资本家，他还认为土地是导致劳动分工的原因，由于劳动分工的存在，人类社会从而产生商品并用于交换[3]。经济学家魁奈也从社会学角度阐述了劳动分工的原因和必要性。

斯密关于人力资本的经济思想主要体现在《国富论》（1776）中，其人力资本的主要贡献有：（1）强调劳动分工的重要性，斯密认为劳动分工可以提高熟练程度，劳动分工可以扩大机器在生产中的使用比例，劳动分工加深了人力资本水平；（2）工人熟练程度和技能的提高可以促进生产率；（3）明确将人的才能及差别归因于后天因素，斯密认为人与人之间的自然禀赋差距非常之小（远比家犬和猎狗的区别要小），因此可以通过增强投入（教育和培训

---

① 威廉、配第：《政治算术》陈冬野译，商务印书馆出版 1978 年版，第 55-58 页。
② 陈岱孙：《从古典经济学派到马克思》第 2 版，北京大学出版社 1996 年版。
③ 朱彤书、徐谨：《杜尔哥的经济学说》，经济科学出版社 1985 年版。

等手段）提高工人的知识水平和技术能力，从而加深人力资本积累程度；（4）重视发明和创造，斯密指出劳动分工能够加大发明创造的步伐，无论是技术改良还是新技术的产生都与劳动分工密不可分，因此他提出成立一个相对独立的生产知识和发明的专门行业，来实现劳动分工的细化，从而继续提高劳动生产率。斯密关于人力资本方面的观点可以说是具有里程碑意义，可以说是古典前最重要的人力资本概念。斯密指出提高劳动生产率和增加储蓄是增加国民财富的两个途径。国家财富和财政收入不断增加。斯密强调分工和生产率的提高对于经济增长的重要性，他也将生产性劳动和非生产性劳动进行了区分[1]。

此外还有一些学者从不同诠释角度较为明确地提出人力资本的概念。如穆勒指出劳动者一般希望其收入足以偿付维持生活的开支以及受教育和培训的支出费用。麦克库洛赫则认为人与机器在生产商品的劳动方面并无实质差异，劳动者就是一种资本[2]。西尼尔认为人的天赋以及后天取得的各种技能都是一种资本[3]。马克思认为劳动是一切价值的根源，他认识到教育及培训的重要性，认为劳动技术的提升需要支付成本，这也是一种人力资本投入的思想[4]。但马克思区分了具体劳动和抽象劳动，他否认人的劳动是一种资本，他认为把人作为一种资本是对人的异化。

第三节　新古典经济学的人力资本思想

边际革命时期，英国学者吉芬、博格、罗斯特、博加特及克拉克等人都从人力资本角度估算战争造成的经济损失。瓦尔拉斯分析了资本的内涵和外

---

[1]　斯密：《国民财富性质和原因的研究》，商务印书馆 2005 年版。
[2]　麦克库洛赫：《政治经济学原理》，商务印书馆 1981 年版。
[3]　埃德蒙·惠特克：《经济思想流派》，徐宗士译，上海人民出版社 1974 年版。
[4]　马克思：《资本论》，郭大力、王亚南译，上海三联书店 2009 年版。

延，他把所有的生产资源都定义成为资本，同样，人作为一种生产要素也是一种资本①。瓦尔拉斯认为人力资本可以提供劳动以获取工资报酬。他明确赋予人力的资本属性，对人力资本理论的发展产生重大影响，但是瓦尔拉斯仅仅认为人力资本源于自然形成，没有考虑后天教育和培训等手段的作用。

虽然人力资本没有成为主流经济学的核心内容，但是值得注意的是，在这些经济学家的观点中总是能够看到人力资本的意义所在。马歇尔明确指出："在所有资本中，对人的投资是最有价值的。"②他特别强调人力资本投资的过程，认为人力资本投资具有显著的代际影响，家庭财富和收入水平会影响子女在教育培训等方面的支出，从而影响子女的人力资本形成，下层社会家庭的父母对子女的教育和培养会产生代际遗传的"累计祸患"。此外马歇尔区分了工业教育和普通教育，因此当费雪提出一个完整地包含了人力资本的资本范畴时，马歇尔并不赞同。瓦尔什第一次科学地从成本法（支出费用投入）的角度作出了关于人力资本的测算。奈特认为社会中整体知识量的增加能够使经济产出水平得到提高，他还认为人力资本在克服收益递减规律方面，能够起到一定的作用③。

费雪认为人力资本是一种存量，他采取Farr的预期收入估算方法将收入资本化，来测算美国的人力资本存量④。瓦尔什（1935）从教育培训的投资角度来阐述人力资本，他认为不能把所有生活成本支出都看作人力资本投资，越是专业化的、长期的教育投资和职业培训，其人力资本投资的属性越强。他通过考察不同教育程度和各个专业领域的投资，得出其包含的人力资本收入差距很大，比如工程类的教育投入收益远远大于文史哲等专业的教育投资收益。

---

① 瓦尔拉斯：《纯粹经济学要义》，商务印书馆1989年版。
② 马歇尔：《经济学原理》上册商务印书馆1981年版。
③ 陈润：《劳动分工、人力资本与收益递增——新经济增长理论的文献综述》，中国社会科学院研究生院硕士学位论文，2013年6月。
④ Kiker B F. The Historical Roots of the Concept of Human Capital[J]. JPE, 1966, 74（5）:494-495.

以上阐述了从古希腊至20世纪关于人力资本思想起源以及发展，对其内涵和外延进行辨析。此外许多学者对人力资本的测算方法的应用也开始越来越成熟，各国均有不少学者利用现实数据来测算人力资本存量。如福维尔通过扣除消费支出估计1900前后的法国人力资本存量。侯伯纳通过对市场利息率资本化，计算出1914年美国人力资本存量为全国物质资本存量6～8倍。伍德等采用五种方法估算了1920年美国人力资本存量，并指出加大对公共福利事业的投入提升身体健康和素质可以延长工作时间，提高国家人力资本水平。经过新古典经济学时期诸多学者的研究和发展，自20世纪60年代开始，现代人力资本理论开始登上历史舞台。

第四节　现代人力资本理论

"二战"以后经济学中的数量革命使得关于人力资本的研究迅速发展。由于经济发展水平的提高和技术进步，经济社会中的大量统计数据逐渐科学化和规模化，因此经济学家对人力资本在经济增长中发挥的作用能够更加准确地分析。20世纪五六十年代，经济增长理论重新掀起了研究的高潮，哈罗德、多玛、索洛、斯旺等分别建立自己关于经济增长方面的研究模型。其中麻省理工经济学家索洛通过对美国经济数据进行了较为全面和准确的核算，发现美国经济产出增速远远高于生产要素投入的增速，因此成为难以解释的经济之谜，多余的产出被称为"索洛余量"。许多经济学家从不同角度对"索洛剩余"作出诠释，大多数将此"剩余项"归为技术进步[①]，但是技术进步的根源仍然不明确，很多学者对此提出各种解释。为解释技术进步的根源以及产出快于投入的"经济之谜"，现代人力资本理论应运而生。

舒尔茨（1960）通过把资本两分为物质和人力资本，在新古典增长理论

---

① 索洛：《经济增长理论》，上海人民出版社1994年版。

的框架下经过实证分析，解释了人力资本因素对经济增长的长期贡献①。他通过采用收益率法对美国1929—1957年的经济增长数据进行分析，结果表明美国人力资本对经济增长的贡献率达到33%。他进一步指出，经济进步的根源在于人们健康状况的改善与预期寿命的延长、儿童死亡率下降和受教育程度的提高等。肯德里克通过对人力资本的各测算指标进行细分和解释，分析人力资本的投入和产出的现实经济含义，证明了人力资本存在收益率，并且此收益率与物质资本的收益率能够相互进行比较，人力资本的收益率从而作为一个经济指标开始被经济学家广泛研究②。从总体上看这种研究方法揭示了投资结构对于说明长期经济增长来源的实际价值。舒尔茨认为：（1）家庭和个人对人力资本的时间和货币投入起着重要作用，不论对于个人还是对于整个社会，人力资本投资都具有规模效应，所以在经济发展过程中不只要重视物质资本的作用，人力资本的积累在推动科技进步的过程中可能扮演着重要的角色；（2）人力资本对增长的影响主要体现在技术的进步和效率的提升，并且有利于创新的产生；（3）舒尔茨认为劳动力市场是人力资本投资和结构优化的重要基础，不同种类的人力资本可以通过市场供求和市场价格来选择进行投资；（4）舒尔茨认为选择对人力资本是否进行投资的一个标准是人力资本的未来收益的贴现值应该大于投入成本的贴现值，否则社会或家庭人力资本的投资就不会产生市场经济效益。换句话也就是说人力资本的未来收益应大于人力资本的投资成本。基于他在人力资本领域的奠基性工作，被誉为"人力资本之父"。

人力资本理论的分析框架便是由贝克尔（1962，1964）提出的。贝克尔主要是从微观的角度来分析人力资本，并且将经济学的优化分析方法带入几乎所有的家庭决策中来，其中当然也包括教育投资、生育和小孩抚养等方面的选择。他于1964年出版了《人力资本：特别关于教育的理论与经验分析》，

① 舒尔茨：《论人力资本投资》，北京经济学院出版社1990年版。
② Kendrick, J. 1976. The Formation and Stocks of Total Capital, NBE R, Columbia University Press, New York, N. Y.

基于教育的成本收益法分析了在职培训对员工和企业的意义，他的分析方法被认为是现代人力资本理论确立的标志[1]。贝克尔利用成本最小化和效用最大化的分析方法，对家庭的生产（生育行为）和个人资源分配决策进行了研究，系统地阐述了人力资本与人力资本投资问题，讨论了家庭在面临生育行为时的选择[2]。贝克尔分析了婴儿自出生至成人的直接和间接成本、家庭内部存在的市场和非市场活动等诸多关于人力资本方面的指标概念，他是第一位将广泛的生活抉择问题利用纳入经济学的分析方法当中来的经济学家。他关于人力资本形成、正规教育、在职培训等方面都有精彩的论述，并且对于人力资本投资的支出与收入的分析取得丰富的成果，得到的"年龄—收入"曲线的方法，具有开拓意义。贝克尔研究主线就是刻画个人追求效用最大化和市场均衡，他还将人力资本理论推广到地区和国家的高度，他认为人力资本是推动落后国家和地区经济起飞的最重要的推动力。舒尔茨系统构建了人力资本的分析框架，从理论和规范的角度对人力资本的测算和研究方法给出了明确的指导方向。

明塞尔之前，大部分的经济学家在考虑劳动者的收入差距时，将其原因归根于劳动者的个人能力、馈赠、遗产或其他一些偶然的因素。明塞尔认为，个人和家庭的收入差异主要来源于劳动者本身接受学校教育程度和工作经验是否丰富。他提出了著名的明塞尔方程，从人力资本投资的角度来解释其对收入分配的影响，构建了学校教育、工作经验与收入之间的联系。明塞尔在1958年发表的《人力资本投资与个人收入分配》中，他抛弃了职业分类的思想，把劳动者受教育年限作为唯一的衡量人力资本的一个指标，纳入模型的考虑中分析了教育对收入的影响[3]。该模型建立在三个假设的基础之上：（1）一个拥有S年教育的个人，其收入不受年龄的影响，及未来收入只与教育程度有关，与年龄无关；（2）不考虑毕业后人力资本投资的情况下，个人整个一

---

① Becker, G. （1964）, Human capital, and edition, Columbia University Press, New York.

② 贝克尔：《人类行为的经济分析》，上海三联书店、上海人民出版社 2003 年版。

③ 雅各布、明塞尔：《人力资本研究》，张凤林译，中国经济出版社 2001 年版。

生的收入现值在各个教育程度上都是相等的；（3）工作的年限与教育水平无关，每个人工作相同的T年。明塞尔认为年轻时个人的人力资本投资，应该由后期的收入分配现值来进行补偿，如果一个劳动者为了接受教育而放弃当期参加工作的机会，那么他追加教育的成本应该等于预期将会增加未来受益的现值。

定义：$E(S,t)$是一个拥有S年教育的人在时间t的收入。则一个拥有S年教育的人进入劳动力市场其一生收入的现值为：

$$PV(S)=\int_S^R E(S,t)e^{-rt}dt$$

在假设一的前提下，$E(S,t)$与时间t无关，所以上式可写成：

$$PV(S)=\int_S^R E(S,t)e^{-rt}dt=E(S)\int_S^R e^{-rt}dt=E(S)\left[e^{-rS}-e^{-rT}\right]/r$$

由假设二可知，$PV(S)=PV$

所以，$rPV=E(S)\left[e^{-rS}-e^{-rT}\right]=E(S)e^{-rS}\left[1-e^{-rT}\right]$ ù

$$\ln E(S)=\ln E(0)+rs \tag{1.1}$$

上述方程为明塞尔关于收入和教育之间的对数线性关系式。随后Mincer（1974）在Mincer（1958）的基础上考虑了工作经验对人力资本的作用，明塞尔把人力资本的影响因素分为正规教育和工作经验两种，并建立了一个扩展的回归方程，采用美国10年间的教育、年龄和性别等统计资料进行分析，揭示了市场工资、教育与工作经验的统计关系[1]。他认为：一个人今天的潜在收入（工资）取决于过去对人力资本的投资，明塞尔扩展的回归方程具体可以概括为：

定义E_t为完全竞争劳动力市场，时间t的个人工作的潜在收入为$I_t=r_tE_t$，其中I_t指人力资本的投资，r_t是人力资本投资的比率，当劳动者进行学校学习阶段时，$r_t=1$，此变量外生给定，ρ_t为人力资本回报率，可得：

$$E_{t+1}=E_t+I_t\rho_t=E_t(1+\rho_tE_t)$$

---

[1]　Mincer, Jacob （1974）, Schooling, Experience and Earnings, New York, Columbia University Press.

以此递推，可得

$$E_t = \left[\prod_{j=0}^{t-1} \left(1 + \rho_j r_j\right) \right] E_0 \tag{1.2}$$

假设当处于学校学习阶段时，所有时间都用于人力资本积累，则 $r_t = 1$，并且投资回报率为 $\rho_t = \beta$，当处于工作阶段时 $\rho_t = \lambda$，并且假设工作阶段的投资率随时间递减，满足

$r_{s+z} = \mu\left(1 - \dfrac{z}{T}\right)$，则，

$$\ln E_t - \mu\left(1 - \frac{z}{T}\right) \approx \ln E_0 - \mu + \beta s + \left(\lambda\mu + \frac{\lambda\mu}{2T} + \frac{\mu}{T}\right)z - \frac{\lambda\mu}{2T}z^2$$

定义

$\ln W_t = \ln E_t - \mu\left(1 - \dfrac{z}{T}\right)$，$\alpha = \ln E_0 - \mu$，$\delta = \lambda\mu + \dfrac{\lambda\mu}{2T} + \dfrac{\mu}{T}$，$\phi = -\dfrac{\lambda\mu}{2T}$

可得，明塞尔方程：

$$\ln W_t = \alpha + \beta + \delta z + \phi z^2 \tag{1.3}$$

将上面公式改写为标准化的明塞尔回归方程为：

$$\ln W_t = \beta_0 + \beta_1 schooling + \beta_2 \exp + \beta_3 \exp^2 + \varepsilon_t \tag{1.4}$$

其中，β_0 为初始能力的人力资本回报，β_1，β_2，β_3 分别为教育、工作经验转变对工资的影响参数，二次项为收入和工作经验的非线性关系。

明塞尔方程是一个统计性的描述，它基于一个外生给定的人力资本投资回报率 ρ_t，此外明塞尔方程只能用来估计教育的微观的私人收益率，而不能估算教育的宏观的社会收益率。最后，明塞尔方程忽略了员工教育程度的不同会对工人工作经验积累产生不同的作用，从而其人力资本也有所差异。本书在第五章进行OECD国家人力资本存量的测算和比较时，借用了明塞尔方程的思想，将经验考虑进人力资本的收益率计算当中，但明塞尔方程假设经验与工资呈二次项关系，并不符合现实，尤其是在发展中国家，所以本书的计算更加合理和稳健。

第五节　关于对人力资本的设定和度量

关于人力资本在经济增长中所起作用的任何经验争论都是围绕投入如何度量这一核心问题展开的。对总量人力资本衡量总是存在很多含混不清的代用指标，相对于人力资本理论本身的快速发展而言，如何度量人力资本却相对缓慢。除去数据记录错误这一错误度量的原因之外，另一种不完备代用指标也会产生度量误差。通过设定不同方法来进行人力资本度量，对估计人力资本存量具有重要的意义。特里的戈尔德认为魏梗斯作为人力资本度量领域的先驱。

巴罗（1991）和曼昆等人（1992）的研究中，一直采用入学率作为人力资本的代用指标。入学率度量在某一年级的入学学生人数占相应年龄的总人数比例。入学率度量的缺陷便是存在时滞，因为当前在读的学生尚未成为劳动力用于生产，因此入学率和一国的劳动力所包含的人力资本存量之间并不存在直接的和稳定的关系。入学率可能不会准确地表示人力资本存量的变化，特别是在教育和人口结构的快速转型期间。

巴罗和李（1993）采用对劳动力教育构成的信息，按照联合国教科文组织的国际教育标准分类把教育程度分为：未接受学校教育、不完全小学教育、完全小学教育、初中教育、高中教育和高等教育，以对教育水平进行度量[1]。Barro & Lee（2013）对129个国家从1950年到2010年的人口受教育的数量和质量进行了测算[2]，通过对人口普查数据进行估计，以五年作为一个区间算出平均值来作为平均受教育年限程度。他们考虑了四个层次的受教育水平：未上

---

[1] Barro & Lee（1993），"Internantional comparisions of educational attainment", Journal of Monetary Economics 32（3）:363-394.

[2] http://www.barrolee.com.

过学、小学、中学及高等教育。采用15岁及以上人口平均受教育年数是目前国际上广泛采用的衡量人力资本比较好的指标，方便进行用于国际比较，但其缺点是无法反映出各国教育质量。除了人力资本量上的度量之外，人力资本也引进了对教育质量的差异[①]。

---

① 陈润:《劳动分工、人力资本与收益递增——新经济增长理论的文献综述》，中国社会科学院研究生院硕士学位论文，2013 年 6 月。

第二章　中国人力资本测算

本章拟通过三种方法来测算我国人力资本，分别是基于预期收入法、投入成本法、受教育成果法。

第一节　基于预期收入法的人力资本测算

一、文献回顾

（一）简单预期收入法

在研究人力资本存量测算的预期收入法的国外文献中，Petty在《政治算术》一书中最早提出预期收入法，他将从事生产性劳动的人数看作经济增长最重要的因素，他把一国的人口划分为物质财富或其他实际价值的生产者（主要是土地耕种者、手工业者和海员），以及非生产者（医生、僧侣、律师乃至政府官员），并据此估算了人力资本存量[①]。Dublin and Lotka（1930）根据Farr（1953）的估计方法建立了人力资本存量的测算公式。

$$PV_a = \sum_{x=a}^{\infty} \frac{P_{a,x}\left(y_x E_x - C_x\right)}{(1+r)^{x-a}} \tag{2.1}$$

---

① 威廉、配第：《政治算术》陈冬野译，商务印书馆1978年版，第64-65页。

其中，PV_a 为人力资本现值，y_x 为当年所获收入的货币价值，E_x 为第x年就业率，$P_{a,x}$ 为个人寿命为x的概率，C_x 个人生活成本支出，r为贴现率（市场实际利率）。Weisbrod（1961）在此公式的基础上将其修改为：

$$PV_a = \sum_{x=a}^{74} \frac{Y_x W_x P_{a,x}}{(1+r)^{x-a}} \qquad (2.2)$$

其中，W_x 和 Y_x 分别为就业率和平均收入，假定劳动者在退休之后收入为零。Graham和Webb（1979）将加入经济增长率和教育作为影响因素纳入收入法模型来估算人力资本水平，其测度结果高于肯德里克的结果，将上面公式修改为：

$$PV_x^i = \sum_{x=a}^{75} \frac{Y_x^i W_x^i P_{xt} \left(1+g_k^i\right)}{(1+r_k^i)^{x-a}} \qquad (2.3)$$

（二）全面收入法

乔根森和弗劳梅尼（1989）通过扩展改进了格雷厄姆的研究方法，提出了较为全面的利用收入法测算人力资本的研究和测算结果。他们将美国人口数据按性别、教育程度、年龄进行分类，估计了每种特征类型的群体的人力资本存量[1]。他们还提出了对人力资本存量现值进行加权贴现的方法，改进并扩展了Graham的收入法模型，创建综合性的人力资本模型的收入估算法[2]。具体计算公式如下：

$$i_{y,s,a,e} = yi_{y,s,a,e} + [senr_{y+1,s,a,e} \times sr_{y,s,a,e} \times i_{y,s,a+1,e+1} + \left(1 - senr_{y+1,s,a,e}\right)$$
$$\times sr_{y,s,a+1} \times i_{y,s,a+1,e+1}] \times \frac{1+g}{1+i} \qquad (2.4)$$

其中，y为年龄，s为性别，a为年纪，e为受教育水平，$yi_{y,s,a,e}$ 为各类别群体的年度收入，$senr_{y+1,s,a,e}$ 为各类型群体的升学率，$sr_{y,s,a+1}$ 为此类人群寿命延

---

① Jorgenson, Dale W. and Fraumeni, Barbara M.（1989），"The Accumulation of Human and Non-Human Capital, 1948-1984," in R. Lipsey and H. Tice eds., The Measurement of Saving, Investment and Wealth, Chicago, University of Chicago Press, NBER, pp.227-282.

② Jorgenson, Dale W. and Fraumeni, Barbara M.（1992a），"Investment in Education and U. S. Economic Growth," Scandinavian Journal of Economics, Vol. 94, supplement, pp.S51-70.

长一年的概率。升学率依照各群体最高教育水平向低水平推断可计算出所有个体收入，他们认为人力资本包含市场经济活动收益和非市场活动价值补偿，其人力资本收入取决于时间耗费。Jorgenson和Fraumeni通过美国1940—1980年人口普查数据，计算了美国14~74岁的人力资本存量。

Ahlroth（1997）通过对6000个生活抽样的调查数据，采用回归技术预测入学率、就业率、在校时间和工作时间等，结果发现，瑞士人力资本是物质资本存量的6~10倍[1]。Wei（2001）运用修正的J&F方法估算了澳大利亚人力资本存量。结果显示，1981—1996年间，澳大利亚人力资本存量由从1.7万亿美元上升至2.1万亿美元，人力资本高于物质资本存量，但其比例由1981年的2：1下降到1996年的1.6：1[2]。

修正的J&F方法。为有效衡量各会员国人力资本的效率性，早在1996年OECD部长级会议要求各成员国建立一系列人力资本指标，从多个维度阐述人力资本的内在含义，OECD通过人力资本储备、投资和回收等角度细分各教育指标，从教育动态过程来估算综合人力资本，并通过PISA测验和"国际成人素养调查"等方法从一个全新的角度展开了对人力资本的直接测量和评价[3]。2009年OECD于图灵确立了以J-F收入法为基础衡量人力资本存量，旨在衡量跨期和跨国之间的人力资本存量。终生劳动收入整合方法与经济学和会计学原理符合，其估算结果也更准确可靠，但其明显缺点是微观数据可得性，同时该方法仅考虑市场活动和正规教育，忽视了非市场劳动收入。

OECD主张通过调查受教育程度、成人技能和测评市场价值等三种方式取得相关信息，具体指标如表2-1所示。

[1] Ahlroth, Sofia, A. and Bjorklund, A. Forslund （1997）, "The Output of the Swedish Education Sector," Review of Income and Wealth Volume 43, Number 1, pp.89–104.

[2] WEI H. Measuring the Stock of human capital for Australia: a lifetime labor income approach. Paper presented at the 30th Annual Conference of Economists, Perth,September 2001.

[3] OECD. The Well-being of Nations: The R ole of Human and Social Capital, 2001, OECD, Paris, p18.

表2-1　OECD关于人力资本储备的各种度量指标

指标	储备相应指标
教育程度	·教育性别差异 ·成人受教育程度 ·完成第三级教育代际差异 ·第三级教育程度毕业率 ·不同学科第三级教育毕业率 ·高等教育毕业率 ·高中教育毕业率 ·具有科技类学位的劳动力人口的相对比例 ·各学科学位
市场价值	·成人能力与收入高低的关系
成人基本能力	·基本素养 ·教育程度

资料来源：根据《教育概览：OECD指标》教育指标体系整理得出

就人力资本的投资而言，OECD认为用于教育和培训的货币支出和时间投入可以测度人力资本投资。OECD区分了人力资本投资的宏观数据和微观数据，OECD认为人力资本的宏观数据包括政府和其他组织和个人对正规教育的投资和企业对员工的培训支出，人力资本的微观数据包括家庭对学前教育的投资（幼儿园学费、其他特长培训）以及正规教育的各项货币支出。具体如表2-2所示。

表2-2　OECD教育指标体系中人力资本投资测量指标

测量指标	人力资本投资相应指标
财务投资	·教育支出占GDP相对比例 ·教育机构支出占GDP比例 ·公共教育支出占总公共支出比例 ·公私立教育机构的教育支出 ·生均教育支出 ·生均教育支出占GDP比例 ·公私部门教育投资的分配比例 ·各级教育生均支出 ·提供学生及家庭的公共补助 ·公共教育支出 ·教育支出结构 ·国家对教育的投资 ·按资源和服务的教育机构支出 ·教育经费的公私立来源 ·教育资源使用效率

续表

测量指标	人力资本投资相应指标
时间投资	·正规教育的参与 ·成人继续教育和培训 ·就业人口技能训练 ·15~29岁人口教育和工作的期望年限 ·成人继续教育和训练 ·职业项目的普遍性 ·15~29岁人口教育、就业和非就业的期望年限 ·从学校到职场的转换

资料来源：根据《教育概览：OECD指标》教育指标体系整理得出

　　人力资本的回收方面的衡量主要通过个人层面和社会层面。个人层面的指标主要是指个人受教育程度与收入所得之间的关系；社会层面的指标主要是指教育与一国经济增长、受教育年限、培训支出等与企业质量和经济效益等方面的联系。

表2-3　OECD教育指标体系回收测量指标

测量指标	人力资本回收相应指标
经济回收	·教育和相对工作收入 ·男女收入差异 ·不同教育程度供需情况 ·教育与收入 ·就业、失业和退休年限 ·高等教育的教育回收率 ·劳动力参与和教育程度 ·就业、失业与教育 ·失业与教育 ·受教育程度 ·青年人口的教育与工作 ·各级教育的内在回收率 ·私人和社会回报率 ·收入与能力的关系 ·各级教育程度失业状况 ·人力资本与经济发展的关系
非经济回收	·人力资本与社会产出的关系

资料来源：根据《教育概览：OECD指标》教育指标体系整理得出

OECD修正之J-F方法，主要分三个步骤进行测算。第一，按照性别、年龄、受教育程度等指标对不同家庭和群体的货币价值进行数据收集，并在此基础上建立数据库；使用存活率、受教育程度、就业率、入学率及年收入等数据，依年龄、性别、受教育程度等来进行统计分析。第二，测算每个群体的终身收入。第三，将终身收入平均到各年龄、教育类型的人力资本存量，并对所有类型群体的人力资本进行加总。具体公式如下：

$$LIN_{age}^{edu} = EMR_{age}^{edu} AIN_{age}^{edu} + SUR_{age+1} LIN_{age+1}^{edu} \left\{ (1+r)/(1+\delta) \right\} \tag{2.5}$$

$$LIN_{age}^{edu} = EMR_{age}^{edu} AIN_{age}^{edu} + \left\{ 1 - \sum_{edu} EMR_{age}^{edu-\overline{edu}} \right\} SUR_{age+1} LIN_{age+1}^{edu} \left\{ (1+r)/(1+\delta) \right\}$$

$$+ \sum_{edu} EMR_{age}^{edu-\overline{edu}} \left\{ (\sum_{t=1}^{edu-\overline{edu}} SUR_{age+1} LIN_{age+1}^{\overline{edu}} \left\{ (1+r)/(1+\delta) \right\}^{t}) / t_{edu-\overline{edu}} \right\} \tag{2.6}$$

公式2.6为统计15～40学习与工作阶段劳动收入，其中ENR指入学率，则，

$$HCV = \sum_{age} \sum_{edu} LIN_{age}^{edu} NUM_{age}^{edu} \tag{2.7}$$

公式（2.7）为总人力资本存量。

Marco Mira & Gang Liu（2010）运用此方法假定折旧率为4.58%，收入增长率为1.32%估算出美国、澳大利亚等15个OECD国家的人力资本存量，发现各类教育程度下的群体其年收入均呈先上升后下降的倒"U"形趋势，男性收入高于女性收入，受教育程度高的收入水平也更高，性别对人力资本影响比较有限，对劳动者个体本身来说，教育程度和年龄大小是决定其具有人力资本高低最主要的两个因素[①]。

表2-4 OECD各国人力资本存量及占比情况

国家	人均资本存量（万美元）	人力资本存量占GDP比例（%）
美国	64.27	9.6
挪威	54.6	6.9
加拿大	52.81	10

① Liu, G. （2011） "Measuring the Stock of Human Capital for Comparative Analysis: An Application of the Lifetime Income Approach to Selected Countries" OECD Statistics.

国家	人均资本存量（万美元）	人力资本存量占GDP比例（%）
英国	48.53	9.4
澳大利亚	46.56	10.6
荷兰	46.48	8.4
丹麦	43.89	9.5
以色列	43.67	10.6
法国	41.31	8.5
西班牙	38.97	9
韩国	38.22	11.1
意大利	34.34	7.7
波兰	19.13	9.2
罗马尼亚	7.87	9.6

资料来源：Marco Mira & Gang Liu 2010

（三）收入指数法

丹尼森（1967）按工作小时数、年龄—性别构成和教育对总就业数进行调整，从而扩展劳动投入，反映劳动质量的差异。通过劳动力在不同工人种类之间的分布数据，并对每一类别进行相对平均工资加权，从而构造总劳动质量指数，以反映不同类别劳动力在市场收益方面的差异。但是这一方法的缺陷便是，只有少数发达国家才有这方面的详细数据，发展中国家这方面的数据很缺乏，因而研究起来很困难[1]。Mulligan和Sala-i-Martin（1997）通过将教育与劳动力收入相结合，建立另外一种指数方法来估算人力资本，此方法只计算人力资本存量的综合增长速度，但并不计算人力资本存量。其主要观

---

[1] 陈润：《劳动分工、人力资本与收益递增——新经济增长理论的文献综述》，中国社会科学院研究生院硕士学位论文，2013 年 6 月。

点是如何估算出经济体单位人力资本所能获得的实际工资水平[①]。Laroche and Merette（2000）把劳动者分类为受过教育且具有工作经验和未接受过高等教育且无工作经验的产业工人，把其收入比值作为衡量指标，对加拿大的人力资本水平进行了估计[②]。Jones（2009）把人力资本定义为其他人群和产业工人的收入比，采用收入指数法改进了Mulligan and Martin的模型，估算了45个国家的人力资本，通过分组跨国比较，显示最富国家的人力资本是最不富裕国家的2.2倍至2.8倍[③]。朱平芳和徐大丰（2007）对人力资本重新定义，通过提出"单位人力资本"，并运用中国地级市以上的城市数据，估算中国各城市的人力资本水平，结论较好地解释了中国各城市人力资本的差异逐渐扩大的原因[④]。Tao and Stinson（1997）认为人力资本投资和个人收入作为影响因素，把支出法和收入法相结合，得出最终人力资本存量。

Koman and Main（1997）通过对奥地利和德国的数据研究，对不同学校教育水平劳动力对其工资收入加权，建立了测算总人力资本的方法。首先，利用永续盘存法计算最高教育水平j、年纪i的人数：

$$H_{i,j,t} = H_{i-1,j,t-1} \times (1-\delta_{i,t}) + H_{i,j,t}^+ - H_{i,j,t}^- \qquad (2.8)$$

其中H是劳动力人数，$\delta_{i,t}$为该群体的死亡概率，他们通过把教育水平j用受教育年限来代替，使用柯布道格拉斯函数来得到人力资本：

$$\ln\left(\frac{H}{L}\right) = \sum_s \omega_s \ln(\rho(s)) \qquad (2.9)$$

其中，$\omega_s = e^{\gamma s} L(s) / \sum_s e^{\gamma s} L(s) \rho(s) = L(s)/L$，$\rho(s)$指具备教育程度$s$年的人数比例，$\omega_s$为用数字标准化为此类型工人工资收入占总账户工资额的

① Mulligan, C. B., and Sala-i-Martin, X.（1997），"A Labor Income-based Measure of the Value of Human Capital: An Application to the States of the United States," Japan and the World Economy 9, 2: pp.159-191.

② Laroche, M. and Merette, M.（2000），"Measuring Human Capital in Canada," Ministry of Finance of Canada.

③ Jones, Charles I., Romer, Paul M.: The new Kaldor facts: ideas, institutions, population, and human capital, National Bureau of Economic Research 2009.

④ 朱平芳、徐大丰：《中国城市人力资本的估算》，《经济研究》，2007年第8期，第84-95页。

比例，效率参数。γS 为教育收益率。使用该方法需要估算不同年龄、性别、受教育程度之间的人口比例，以及分性别的Mincer方程参数[①]。此方法与M-S（1997）都是剔除了物质资本对人力资本影响，但忽视了教育质量的变动。

对收入法测算人力资本存量的评价。终生收入法的优点在于：以未来收益现金流的折现值形式来度量人力资本，在一个完全竞争的市场上，劳动者的未来收入流与自身拥有的人力资本应该是正相关的关系。因此，此方法具有一定的合理性。基于收入来测量人力资本的方法，注重个人赚取收入的能力来估算人力资本价值，由于无须考虑教育程度和质量、个人付出努力程度和本身能力的差异，因为这些因素都已包含在劳动收入之中，且不必考虑折旧问题，因此较支出法更为可靠。

但此方法也存在诸多缺点：一是此方法严重依赖工资收入，由于现实中影响工资水平的因素太多，比如工资刚性或粘性、最低工资限制、劳动力市场歧视以及政治制度等非市场因素，这也将造成估计结果出现较大的偏差。二是不少学者认为在计算工资收入时应该剔除生活成本，而另一些学者认为由于成活成本也属于劳动收入的一部分，因此总收入才是最准确的变量。此外物资资本从投入生产到磨损退出生产的过程中，所提供的服务流是相当稳定的，而且是基本上可预测的，但人的一生从出生到死亡的这段过程中，生产率会随着年龄的变化而变化，而且与物资资本有很大的关系。三是由于缺乏准确的数据也会造成研究结论存在一定的偏差。个体的收入不仅取决于他自身的知识、能力等人力资本因素，还与其他因素有关，从经验上来看，劳动者所拥有的物资资本对收入有很大的影响，例如两个工人虽然人力资本一样，但如果他们所占用的物资资本不同，物质资本更高的工人却能够获得更高的工资，因为他的边际产出更高。而且，因为物资资本存量一般逐年增加，技术进步也很明显，那么两个参与工作时间不同的工人，虽然他们的知识可

---

① Koman, R., and Marin, D. （1997）, "Human Capital and Macroeconomic Growth: Austria and Germany 1960−1997. An Update," IAS Economics 355 Series No. 69.

能完全一样，但他们的终生收入可能有很大的区别，也就是说收入法容易受到cohort效应的影响。另外有些学者认为J-F方法考虑了非市场活动造成将人力资本存量被高估，比如Dagum and Slottje（2000）认为J-F方法假定各种类型的相同教育年数者的收入相等，忽视了没有考虑个体天赋以及个人后天奋斗等因素对收入造成的影响。

二、基于收入法的人力资本测算

（一）国内研究成果

由于各类数据的可得性等原因，尤其是历次人口普查和军民收入抽样的数据缺乏，20世纪我国应用收入法来测算人力资本的研究成果和文献并不多见，随着数据越来越翔实和丰富，越来越多的学者通过此方法开展对中国人力资本存量的测算。王德劲等（2006）通过对我国人口普查数据与物质资本存量和国内生产总值结合进行比较测算了我国1952—2003年的人力资本存量[①]。吴兵、王铮（2004）通过修改Sala-i-Martin（1997）的指数法，具体方法是：将水电气业、制造、采掘和建筑业等行业的平均工资作为指数化，并将上海市指数标准化为1，将其他省份数值除以上海人力资本作为其人力资本指数，并以此测度了1991—2000年我国省际人力资本。由于吴兵等人估算方法中的将4个行业平均工资作为人力资本的劳动收入指数并不符合实际经济状况，由于水电气等行业存在国有垄断的因素，此4个行业并不能充分反映我国平均劳动工资，因此利用此方法估算我国人力资本存量在方法上存在一定缺陷。李海峥等（2010，2013）通过明塞尔的教育年限和收入法整合，改进了J-F方法，构建多种人力资本指数，他们通过生产函数对我国劳动生产率进行估计，并用劳动生产率的增长率作为实际收入增长率的近似值来预测未来个人收入，

---

① 王德劲、向蓉美：《我国人力资本存量估算》，《统计与决策》，2006年第5期，第100-102页。

估算了中国1985—2009年6个省份的人力资本存量[1]。中国的人力资本存量远高于物质资本存量，前者为后者的10倍到20倍，我国人均人力资本仍远低于发达国家的发展水平。他们还利用第一产业的增加值除以第一产业的劳动人口作为我国农村实际收入增长率，利用第二产业和第三产业的产出平均值作为我国城镇实际收入增长率，测算出我国城乡人力资本存量[2]。

（二）本书测算模型

本书考虑基础数据缺乏，对预期收入法进行修正来测算中国人力资本存量。由于预期收入法建立在宏观变量基础上，因此通过一系列基本假定，可以估算时间序列上的人力资本存量。

1.基本假定

（1）假定一国当年人力资本存量为社会所有劳动者其一生预期收入的贴现值加总。实际测算时应扣除其生活成本。

（2）按照劳动者年龄将其分为未成年部分（0~15岁）、参与劳动部分（16~60岁男性，16~55岁女性）和已退休部分（60岁以上男性和55岁以上女性）。由于未成年部分和已退休部分并没有劳动收入，因此参与劳动部分的人口构成人力资本。

（3）假定参与劳动部分各年龄阶段的死亡率的均值为全社会死亡率。该变量具有平稳性，可用人口普查年份的死亡率数据来估计期间劳动者的死亡率。

（4）假定贴现年数=退休年龄–劳动者平均年龄。

（5）居民消费行为与其当期收入相关。

（6）假定人力资本定义仅限于市场范围，忽略家庭内部劳务、忽略就业率。

---

[1]　李海峰、梁赟玲、刘智强等：《中国人力资本测度与指数构建》，《经济研究》，2010年第8期，第42–54页。.

[2]　李海峰、贾娜、张晓蓓：《中国人力资本的区域分布及发展动态》，《经济研究》，2013年第7期，第49–62页。

2.测算公式

根据预期收入公式，得到一国当期所有劳动者收入的贴现，即为当期人力资本存量值。具体公式为：

$$Y_t = \sum_{i=0}^{60-\bar{a}} \frac{y_t \left(1 - P_{t,\bar{a}+1}\right)(1+\bar{g})^i}{(1+r)^i} \quad (2.10)$$

其中Y_t为第t年人力资本存量，y_t为第t年一国总收入，$P_{t,\bar{a}+1}$为一国第t年劳动者为$a+i$岁的死亡率，g为收入增长率，r为贴现率。

（三）模型各变量数据

本书采用基于收入法测算我国人力资本，根据中国实际数据对预期收入法做出一些修正，该方法简单明了但准确合理，由于数据是由宏观数据组成，因此具有可信度。根据上述公式，需要估算总收入、平均年龄、死亡率、实际收入增长率和贴现率，根据我国历年统计年鉴以及人口统计年鉴等数据可以计算得出以下数据。

1.实际总收入

本书通过历年统计年鉴中的我国当期居民实际总收入，利用测算结果并通过各年度CPI进行调整，并换算为1990年不变价计的人力资本。由于具体微观数据没有统计我国各年龄段对应劳动者的收入，因此本书用宏观数据来代替。表2-5给出了1978—2015年我国城乡居民人口及收入，表格以每五年为一个时间段，具体各年数据在附表中给出。

表2-5 1978—2015年我国城乡居民人口及收入

年份	城镇居民家庭人均可支配收入（元）	农村居民家庭人均纯收入（元）	年末总人口（万人）	城镇人口（万人）	乡村人口（万人）	总收入（万元）	实际总收入（万元）	居民实际总收入（1990年不变价）（万元）
1978	343.4	133.6	96259	17245	79014	16478203.4	163636.6	354109.6
1980	477.6	191.3	98705	19140	79565	24362048.5	226623.7	447866.4
1985	739.1	397.6	105851	25094	80757	50655958.6	463458	765006.2
1990	1510.2	686.3	114333	30195	84138	103344398.4	1002370	1002370
1995	4283	1577.7	121121	35174	85947	286248823.9	2444482	1332794
2000	6280	2253.4	126743	45906	80837	470447775.8	4685735	2336389

续表

年份	城镇居民家庭人均可支配收入（元）	农村居民家庭人均纯收入（元）	年末总人口（万人）	城镇人口（万人）	乡村人口（万人）	总收入（万元）	实际总收入（万元）	居民实际总收入（1990年不变价）（万元）
2005	10493	3254.9	130756	56212	74544	832465781.6	8177463	3813800
2010	19109.4	5919	134091	66978	67113	1677151240	16235733	6553652
2015	31194.8	11421.7	137462	77116	60346	3094875022	30521450	10736089

资料来源：《中国统计年鉴2016年》

1978年我国城镇居民人均收入为343.4元，至2015年上升至31194元，37年间共增长91倍，年均增长13%。从增长速度上来看，1978—2015年增速最快为1994年的35.6%，增速最慢的为1981年的4.8%。1978年我国农村居民家庭人均纯收入为133.6元，至2015年上升至11422元，37年间共增长85倍，年均增长12.8%。从增长速度上来看，1978—2015年增速最快，为1994年的32.5%，增速最慢的为2000年的1.9%。从图2-1可以看出我国城乡人均收入在增长速度上基本保持一致，20世纪80年代中期出现增速下降，到90年代初期增长速度大幅提高，1994年达到顶峰，然后又逐渐回落。近几年，我国人均收入伴随经济增长速度的回落不断下滑，基本保持在10%以下的水平。

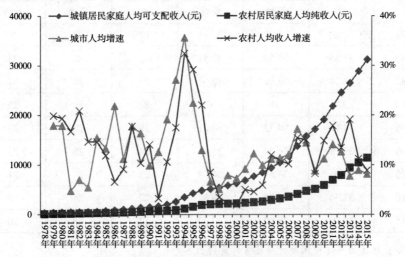

图2-1　1978—2015年我国城乡居民收入及增速

资料来源：历年《中国统计年鉴》计算得出

2.劳动人口平均年龄和贴现年数

为测算我国人力资本需要计算我国劳动人口的平均年龄，本书采用加权平均法计算得出本指标。具体计算方法为（根据中国人口统计年鉴中15～64岁的人口比例乘以每5年为一个年龄段的中值，再除以相应人口总值得出），总贴现年数为60岁减去总的平均年龄，其中男性贴现年数为62岁减去其平均年龄，女性贴现年数为57岁减去其平均年龄。通过计算我们得出我国劳动人口平均年龄及贴现年龄，由于篇幅原因，表2-6以每五年为一个时间段的数据，具体各年数据在附表中给出。由统计数据可以看出，新中国成立后我国劳动人口平均年龄不断提高，从1978年的33.2岁上升至2015年的38.1岁，其中男性由1978年的34岁上升至2015年的38.9岁，女性由32.4岁上升至2015年的37.3岁。男性平均高出女性1.5岁至2岁左右。根据公式可以得到我国劳动人口的贴现年龄，也可以得到我国劳动人口的贴现年数由1978年的27年下降至2015年的22岁，其中男性由28岁下降至23岁，女性由25岁下降至20岁，分别下降了5年。

表2-6　1978—2015年我国劳动人口平均年龄及贴现年龄

年份	平均年龄			贴现年数		
	总	男性	女性	总	男性	女性
1978	33.2	33.99	32.41	27	28	25
1980	33.53	33.54	33.51	26	28	23
1985	33.24	33.98	32.67	27	28	24
1990	33	34	32	27	28	25
1995	34.17	34.32	34.01	26	28	23
2000	35.75	36.34	35.15	24	26	22
2005	37.1	37.85	36.34	23	24	21
2010	37.54	38.26	36.82	22	24	20
2015	38.09	38.92	37.27	22	23	20

资料来源：根据历年《中国统计年鉴》计算得出

3.死亡率

通常指"粗死亡率"。一地区在一定时期（通常为一年）内死亡个体数与同期平均种群数量的比值。对人类一般按每千人平均计算。死亡率可以反映一个地区的卫生习惯和医疗品质等生存状况。通常越先进的国家死亡率越低，越落后的国家死亡率越高。

死亡率不仅是衡量一国居民健康和生活水平的重要指标，同时也可以反映经济体发达程度和医疗卫生条件。新中国成立初期，我国死亡率为20‰，之后迅速下降，1957年我国死亡率下降至10.8‰。改革开放以后，随着人民生活水平的提高和医疗卫生事业的发展，我国死亡率保持在6‰～7‰左右，处于世界较低水平。随着我国生育率的降低和社会人口步入老龄化社会，我国近十年以来死亡率有所升高，由表2-7可以看出改革开放之后我国死亡率（每千人）最低年份为1979年6.21‰，其余各年相差并不大。步入从2004年开始，我国死亡率开始上升，由2004年的6.42‰上升至2015年的7.11‰，其中2014年死亡率达到最高为7.2‰。

表2-7 1978—2015年我国死亡率（每千人‰）

1978年	6.25	1991年	6.7	2004年	6.42
1979年	6.21	1992年	6.64	2005年	6.51
1980年	6.34	1993年	6.64	2006年	6.81
1981年	6.36	1994年	6.49	2007年	6.93
1982年	6.6	1995年	6.57	2008年	7.06
1983年	6.9	1996年	6.56	2009年	7.08
1984年	6.82	1997年	6.51	2010年	7.11
1985年	6.78	1998年	6.5	2011年	7.14
1986年	6.86	1999年	6.46	2012年	7.15
1987年	6.72	2000年	6.45	2013年	7.16
1988年	6.64	2001年	6.43	2014年	7.2
1989年	6.54	2002年	6.41	2015年	7.11
1990年	6.67	2003年	6.4		

资料来源：世界银行

4.贴现率

在利用收入法对人力资本存量进行测算时，一般需要对收入增长率和贴现率这两个参数进行假定。诸多学者根据实际经济状况对这两个参数进行设定，较为出名的是如Jorgenson（1989）在进行测算时假定实际收入增长率与贴现率组合是（$g=0.0132$，$r=0.0458$）。李海峥（2014）使用劳动生产率增长率作为实际收入增长率的近似值来预测未来个人收入，并采用经济合作与发展组织（OECD）的$r=0.0458$的折现率，通过生产函数来估计我国城乡实际收入增长率[1]。由于中国实际收入增长率高于世界平均水平，本书采用$g=3\%$和$r=4.58\%$的参数假定组合，并比较了（$g=0.03$，$r=0.06$）、（$g=0.0275$，$r=0.06$）这两组数据的测算结果，计算结果显示实际收入增长率和贴现率对测算结果影响较小。表2-8以每五年为时间段给出不同折旧率下我国人力资本存量，具体数据可以参见附表。

表2-8　我国劳动生产率及其增长率

年份	劳动生产率（美元/人）	劳动生产率增长率（%）
1996	1535	8.9
1997	1652	7.6
1998	1772	7.3
1999	1885	6.4
2000	2018	7.0
2001	2172	7.6
2002	2347	8.1
2003	2561	9.1
2004	2801	9.4
2005	3088	10.3
2006	3459	12.0
2007	3912	13.1

---

[1]　李海峥、李波等:《中国人力资本的度量:方法、结果及应用》,《中央财经大学学报》, 2014 年第 5 期, 第 69-78 页。

续表

年份	劳动生产率（美元/人）	劳动生产率增长率（%）
2008	4290	9.6
2009	4674	9.0
2010	5146	10.1
2011	5586	8.6
2012	5990	7.2
2013	6423	7.2
2014	6866	6.9
2015	7318	6.6

资料来源：国际劳工组织，采用2005年不变价

表2-9 不同折旧率下的我国人力资本结果（亿元）

年份	g=0.03, r=0.0458			g=0.0275, r=0.05			g=0.03, r=0.06		
	名义人力资本存量	实际人力资本存量	1990年不变价人力资本存量	名义人力资本存量	实际人力资本存量	1990年不变价人力资本存量	名义人力资本存量	实际人力资本存量	1990年不变价人力资本存量
1978	36539	36285	78522	33866	33630	72776	31250	31032	67154
1980	53486	49754	98327	49616	46154	91213	45824	42627	84242
1985	112195	102649	169437	103997	95148	157056	95973	87807	144938
1990	230543	223611	223611	213559	207137	207137	196953	191031	191031
1995	616063	526100	286843	572479	488881	266550	529664	452318	246615
2000	961370	957540	477446	897212	893638	445583	833780	830458	414081
2005	1622007	1593327	743095	1519407	1492541	696090	1417405	1392343	649360
2010	3214781	3112082	1256211	3015134	2918814	1178197	2816290	2726321	1100496
2015	5808849	5728648	2015084	5456523	5381186	1892862	5104808	5034327	1770852

资料来源：根据历年《中国统计年鉴》计算得出

三、基于收入法的人力资本测算结果分析

根据以上计算结果，在参数g=0.03，r=0.0458条件下得到我国人均人力资

本存量的测算结果，本书将其换算为1990年价格，具体参见表2-10。

表2-10 我国人力资本存量及增长率（1990年价格）亿元

年份	总人力资本存量（亿元）	人均（元）	总人力资本增长率（%）	人均增长率（%）
1978	78521.56	8157.32	—	—
1979	92674.74	9501.01	18.02	16.47
1980	98326.81	9961.68	6.10	4.85
1981	118478.48	11839.32	20.49	18.85
1982	137034.75	13480.51	15.66	13.86
1983	151637.44	14720.94	10.66	9.20
1984	174055.49	16678.85	14.78	13.30
1985	169436.95	16007.12	−2.65	−4.03
1986	190450.76	17715.20	12.40	10.67
1987	195222.70	17861.18	2.51	0.82
1988	180304.56	16239.85	−7.64	−9.08
1989	176296.28	15642.42	−2.22	−3.68
1990	223610.59	19557.83	26.84	25.03
1991	234135.43	20214.93	4.71	3.36
1992	247709.95	21140.89	5.80	4.58
1993	247648.92	20895.65	−0.02	−1.16
1994	249891.13	20850.32	0.91	−0.22
1995	286843.18	23682.37	14.79	13.58
1996	340576.74	27827.40	18.73	17.50
1997	380353.76	30766.49	11.68	10.56
1998	420097.82	33672.21	10.45	9.44
1999	458055.95	36415.50	9.04	8.15
2000	477446.05	37670.41	4.23	3.45
2001	517145.72	40520.09	8.32	7.56
2002	588194.09	45790.61	13.74	13.01
2003	628262.58	48616.97	6.81	6.17
2004	664667.32	51132.98	5.79	5.18
2005	743094.58	56830.63	11.80	11.14

年份	总人力资本存量（亿元）	人均（元）	总人力资本增长率（%）	人均增长率（%）
2006	830747.22	63199.69	11.80	11.21
2007	907227.32	68662.24	9.21	8.64
2008	975748.74	73473.95	7.55	7.01
2009	1154227.67	86491.40	18.29	17.72
2010	1256210.63	93683.44	8.84	8.32
2011	1395540.77	103576.71	11.09	10.56
2012	1588999.54	117352.48	13.86	13.30
2013	1715478.66	126071.39	7.96	7.43
2014	1861808.43	136115.02	8.53	7.97
2015	2015083.69	146592.05	8.23	7.70

资料来源：根据历年《中国统计年鉴》计算得出

（一）总人力资本存量和人均资本存量

由表2-10可以看到，以1990年不变价格计算，1978年我国人力资本存量为78521亿元，人均人力资本存量为8157元，与大部分我国物质资本存量相比有所差异，同时无论是全国人力资本总量还是人均人力资本存量都不断上升，由于人口逐年增长，因此全国人力资总量增速高于人均人力资本增速。至2015年，我国人力资本存量为201万亿元，人均人力资本为14.66万元。从增长速度来看，自改革开放至今，我国人力资本存量（总量或人均）的增速先升高再回落再升高的"U"形现象。我国1978—1990年增长速度一直下滑，12年间全国总人力资本存量年均增长9.11%，人均人力资本存量年均增长7.56%。随后几年人力资本增速提高明显，出现较大幅度波动。人力资本存量增长速度最高年份为1990年，其中全国人力资本存量总量增长速度为26%，人均人力资本存量增长速度为25%，1990—2000年十年间全国总人力资本存量年均增长7.88%，人均人力资本存量年均增长6.77%。步入21世纪以后，全国人力资本存量总量和人均人力资本存量增长速度保持相对稳定，2000—2015年十五年间全国总人力资本存量年均增长10.1%，人均人力资本存量年均增长9.5%。

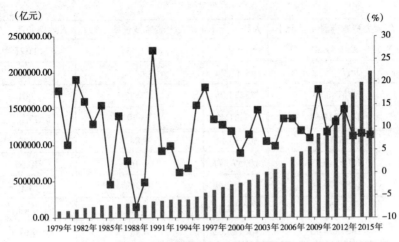

图2-2　1979—2015年我国总人力资本存量及其增长率

资料来源：根据历年《中国统计年鉴》计算得出

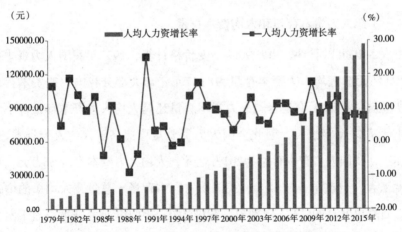

图2-3　1979—2015年我国人均人力资本存量及其增长率

资料来源：根据历年《中国统计年鉴》计算得出

（二）城乡人力资本存量比较

从我国人力资本总量的城乡差异来看，1978年我国城市人力资本存量为13040亿元（当年价），农村人力资本存量为23245亿元（当年价），农村人力资本存量是城市将近一倍。从1990年不变价的结算结果来看，1978年我国城市人力资本存量为28219亿元（1990年不变价），农村人力资本存量为50302亿元（1990年不变价），农村人力资本存量同样远高于城市人力资本总量。一个可以解释的原因是，改革开放初期，我国城市化进程尚未起步，八成以上的人口居住于农村。随着社会经济的发展和人口逐渐向城市迁移，大约经过15年左右的发展（1992年）城市人力资本总量和农村人力资本总量相互持平，分别为122511亿元（1990年不变价）和125199亿元（1990年不变价）。自此以后城市人力资本总量增长越来越快，截至2015年，我国城市人力资本总量达到1566308亿元（1990年不变价），是农村人力资本总量的3倍多。具体从城乡总量人力资本的比值来看，自改革开放至20世纪90年代，我国农村人力资本高于城市人力资本存量，进入21世纪，城市人力资本约为农村的两倍，城市人力资本发展速度远高于农村，2009年城市人力资本是农村的3倍，这种趋势反映了我国城化进程的快速发展和城乡发展的差距正在加大的状况。

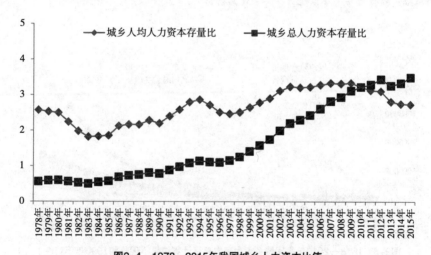

图2-4 1978—2015年我国城乡人力资本比值

资料来源：根据历年《中国统计年鉴》计算得出

表2-11 1978—2015年我国城乡人力资本总量及增长率计算结果

年份	城市总量			农村总量		
	现价（亿元）	1990年不变价（亿元）	1990年不变价增长率（%）	现价（亿元）	1990年不变价（亿元）	1990年不变价增长率（%）
1978	13040	28219		23245	50302	
1980	18669	36895	7.12	31085	61432	5.50
1985	37583	62037	0.60	65065	107400	−4.44
1990	98668	98668	24.95	124943	124943	28.37
1995	276882	150963	13.32	249218	135880	16.47
2000	586779	292578	9.10	370761	184868	−2.64
2005	1128930	526510	13.65	464396	216585	7.55
2010	2374969	958671	9.69	737113	297540	6.18
2015	4452830	1566308	9.39	1275818	448776	4.37

资料来源：根据历年《中国统计年鉴》计算得出

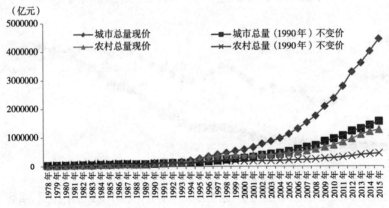

图2-5 1978—2015年我国城乡人力资本总量计算结果（现价和1990年不变价）

资料来源：根据历年《中国统计年鉴》计算得出

　　改革开放之初，1978年我国城市人均人力资本存量为7561元（当年价）和16363元（不变价），而农村人均人力资本存量则为2941元（当年价）和6366元（不变价），截至2015年，我国城市人均人力资本存量达到203110元（1990年不变价），而农村人均人力资本存量仅为74367元。从人均人力资本存量角度看，城镇始终高于农村，城市与农村人力资本的比值大部分年份始终在2以上，仅有1982—1985年四年时间在2以下，在2002—2012年11年间，城乡人均人力资本存量之比达到了3以上，说明城市人均资本存量快速增加，城乡在人力资本方面的发展差距越来越大。由于我国存在明显的城乡二元结构，农村地区大多是从事传统部门的低级人力资本，农村人力资本存在劳动同质简单、科技和知识含量低且人力资本形成以及交易费用高等劣势。相较于城市，我国农村天然落后，由于城乡发展规律等作用影响，二者在形成机制和发展方面存在客观明显差异。再加上农村向城市间的人力资本流动，尤其是农村中具备一定知识和技能的学生和技术人员，较为优秀的农村子弟通过身份改变走向城市，当这种行为变为巨大的社会潮流，对我国城乡人力资本的影响起到不可估量的作用，进一步加大了城乡人均人力资本存量的差距。

表2-12　1978—2015年我国城乡人均人力资本存量

年份	城市现价（元）	城市（1990年不变价）（元）	农村现价（元）	农村人均人力资本（1990年不变价）（元）
1978	7561.75	16363.62	2941.90	6366.28
1980	9753.92	19276.25	3906.88	7720.99
1985	14977.05	24721.84	8056.93	13299.15
1990	32676.83	32676.83	14849.76	14849.76
1995	78717.76	42918.93	28996.73	15809.76
2000	127821.82	63734.20	45865.24	22869.21
2005	200834.40	93665.01	62298.28	29054.63
2010	354589.47	143132.18	109831.55	44334.17
2015	577419.79	203110.60	211417.13	74367.14

资料来源：根据历年《中国统计年鉴》计算得出

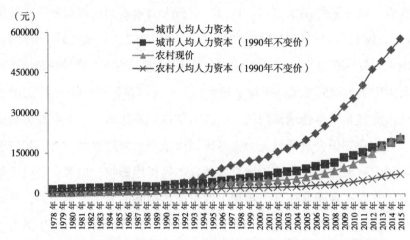

图2-6　1978—2015年我国城乡人均人力资本存量情况（现价和1990年不变价）

资料来源：根据历年《中国统计年鉴》计算得出

　　作为一个转型经济体，中国经济中长期以来存在城乡分立的二元经济结构；加之社会主义市场经济体制所决定的国有部门、集体所有制部门和私营经济部门并存的所有制结构共同导致了中国的劳动力市场存在较为明显的市场分割现象。具体来说，中国人力资本的城乡差异原因主要体现在以下两个方面。

　　一是基于城乡二元结构的劳动力市场分割。学者对于城乡二元结构所造成的劳动力市场分割往往结合劳动力流动来进行研究，而劳动力的城乡间流动则主要涉及户籍差异这个因素。蔡昉等（2001）通过在1952—1998年分省数据基础上进行城市计划迁移数量的计量分析，并结合不同时期北京市计划迁入率的变化，印证了户籍制度在城乡劳动力市场分割格局形成中的重要作用，认为户籍制度的存在是导致劳动力市场分割的制度性根源，而该制度又与特定时期的国家经济发展战略相匹配[①]。李芝倩（2007）将基于城乡二元结构所形成的劳动力市场分割概括为人力资本型分割和户籍型分割。其中，人力资本型分割是指城镇与农村劳动力在获得教育等公共服务方面存在难易差

----

① 蔡昉，都阳，王美艳：《户籍制度与劳动力市场保护》，《经济研究》，2001年第12期。

距，农村劳动力与城镇劳动力相比较少有机会获得教育资源从而只能进入劳动报酬较低的二级劳动市场并获取较低的工资水平。而城镇劳动力则受益于城市部门较高的人均教育投资水平从而能够通过教育提高自身的人力资本，并进入城镇一级市场，其工资水平和各项福利待遇也明显高于农村劳动力。户籍型分割则是指城镇劳动力与农村劳动力由于户籍不同而在工资和福利方面所存在的显著差异。农村劳动力在城镇部门往往以"农民工"的身份提供劳动，他们所获得的工资水平通常比提供同种劳动的城镇劳动力的工资水平低。通过构造"人力资本补偿成本"和"户籍折扣系数"变量，作者对中国的人力资本型和户籍型劳动力市场分割程度进行了测度。计量结果表明，中国城乡之间人均教育支出差距呈现出不断扩大的趋势，而城乡收入差距中的25% ～29%能够通过城乡户籍差异来解释。虽然户籍制度改革在持续进行，农村人口获得城镇户口的难度有所下降，但户籍差异所造成的城乡劳动力工资和福利待遇的差距仍然较为明显[1]。吴愈晓（2011）结合中国的特殊国情，以高考制度为切入点分析了劳动力的群体分化与劳动力市场分割现象，认为高学历者与低学历者在经济地位晋升方面存在显著的路径差异[2]。高学历者社会经济地位的提升主要通过增加自身人力资本，而低学历者则通过不断转换工作，其人力资本水平对经济地位的提高没有显著影响。这一发现为理解城乡并立的二元结构下中国劳动力市场的分割提供了一个新颖的视角。

　　二是基于所有制差异的劳动力市场分割。基于国有部门、集体所有制部门和私营经济部门等所有制成分的差异，中国的劳动力市场存在严重的所有制分割。中国的劳动力市场划分为"体制内市场"和"体制外市场"。前者主要指国有单位，后者则指代非国有单位。两类市场在工资收入、福利待遇和用工方式等方面均存在显著的差异。聂盛结合1995年工业普查数据估计了

---

① 李芝倩：《劳动力市场分割下的中国农村劳动力流动模型》，《南开经济研究》，2007 年第 1 期。
② 吴愈晓：《劳动力市场分割、职业流动与城市劳动者经济地位获得的二元路径模式》，《中国社会科学》，2011 年第 1 期。

国有企业、乡镇企业和三资企业的科布—道格拉斯生产函数并计算了劳动的
边际产出与工资之比。结果表明，国有企业在三种所有制类型企业中的劳动
边际产出与工资之比最低，为0.41；乡镇企业该比值最高，为2.33；三资企业
该比值也显著大于1，为1.92[①]。这说明中国的国有企业部门工资水平已经远远
高于劳动要素的边际产出，而乡镇企业和三资企业劳动力的工资水平却低于
劳动的边际产出，劳动力的收入分配在不同所有制企业之间存在严重的不平
衡。同时这也说明国有部门相比其他所有制成分而言，就业者的工资、福利
待遇等条件都更为优越。邢春冰（2005）使用中国居民营养与健康调查数据
研究了教育在不同所有制企业工人工资水平决定机制中的重要程度，并以教
育回报率的时间变动轨迹分析中国劳动力市场分割情况[②]。计量分析结果表明
1989—1997年间，中国的教育回报率在不同所有制部门之间存在着非同步增
长，这说明国有部门、集体所有制部门和私营部门工资决定机制有所不同，
从而印证了劳动力市场所有制分割的存在性。

（三）人力资本、物质资本和产出（GDP）比较

本书并采用陈昌兵（2014）对我国资本存量的测算数据，劳动力弹性
系数为0.4左右，固定不变折旧率为5.65%下的我国资本存量[③]。表2-13列出
1979—2012年估算的人力资本存量、GDP及其年增长率情况。

表2-13　1979—2012年估算的我国人力资本及其他变量指标情况

年份	k/GDP	h/GDP	（h+k）/GDP	h/k	gdp增速（%）	h增速（%）	k增速（%）
1979	1.80	10.64	12.44	5.92	9.39	18.02	9.25
1980	1.89	10.85	12.74	5.73	4.11	6.10	9.53
1981	1.94	12.45	14.39	6.40	5.00	20.49	7.95
1982	1.97	13.48	15.45	6.84	6.77	15.66	8.17

---

① 聂盛：《我国经济转型期间的劳动力市场分割：从所有制分割到行业分割》，《当代
经济科学》，2004年第6期。
② 邢春冰：《不同所有制企业的工资决定机制考察》，《经济研究》，2005年第6期。
③ 陈昌兵：《可变折旧率估计及资本存量测算》，《经济研究》，2014年第12期。

年份	k/GDP	h/GDP	（h+k）/GDP	h/k	gdp增速（%）	h增速（%）	k增速（%）
1983	1.95	13.58	15.53	6.97	9.84	10.66	8.64
1984	1.82	13.25	15.07	7.27	17.66	14.78	10.11
1985	1.77	11.28	13.05	6.37	14.33	−2.65	10.97
1986	1.83	11.84	13.67	6.46	7.09	12.40	10.88
1987	1.87	11.10	12.97	5.94	9.34	2.51	11.50
1988	1.98	9.76	11.74	4.94	4.99	−7.64	11.12
1989	2.21	9.95	12.17	4.49	−4.08	−2.22	7.42
1990	2.22	11.85	14.07	5.34	6.56	26.84	6.66
1991	2.12	11.00	13.12	5.20	12.74	4.71	7.60
1992	1.99	10.02	12.01	5.03	16.16	5.80	9.33
1993	1.94	8.76	10.70	4.52	14.37	−0.02	11.27
1994	1.98	8.05	10.03	4.06	9.84	0.91	12.27
1995	2.07	8.58	10.65	4.15	7.72	14.79	12.53
1996	2.15	9.42	11.57	4.39	8.09	18.73	12.24
1997	2.21	9.74	11.96	4.40	7.99	11.68	11.27
1998	2.28	9.99	12.27	4.38	7.73	10.45	11.11
1999	2.34	10.10	12.44	4.32	7.83	9.04	10.54
2000	2.34	9.55	11.89	4.07	10.27	4.23	10.41
2001	2.36	9.42	11.78	3.99	9.79	8.32	10.51
2002	2.37	9.68	12.05	4.08	10.68	13.74	11.22
2003	2.39	9.27	11.66	3.88	11.56	6.81	12.54
2004	2.38	8.65	11.03	3.63	13.35	5.79	12.98
2005	2.37	8.51	10.87	3.60	13.70	11.80	12.86
2006	2.33	8.24	10.57	3.54	15.41	11.80	13.49
2007	2.25	7.66	9.91	3.41	17.51	9.21	13.53
2008	2.28	7.38	9.66	3.23	11.65	7.55	13.47
2009	2.40	7.93	10.33	3.31	10.03	18.29	15.47
2010	2.41	7.53	9.94	3.13	14.55	8.84	15.04
2011	2.45	7.45	9.89	3.04	12.41	11.09	14.18

年份	k/GDP	h/GDP	（h+k）/GDP	h/k	gdp增速（%）	h增速（%）	k增速（%）
2012	2.58	7.88	10.46	3.05	7.64	13.86	13.60
2013	2.74	7.92	10.66	3.29	7.36	7.96	14.04
2014	2.95	8.11	11.05	3.58	6.06	8.53	13.94
2015	3.18	8.31	11.49	3.87	5.52	8.23	13.84

资料来源：根据历年《中国统计年鉴》计算得出

表2-14　1979—2012年人力资本及其他变量基本统计量

变量	观测数	均值	标准误差	中位数	标准差	方差	峰度	偏度	最小值
k/gdp	37	2.22	0.05	2.22	0.31	0.10	1.45	0.96	1.77
h/gdp	37	9.71	0.29	9.55	1.75	3.08	−0.31	0.69	7.38
（h+k）/gdp	37	11.93	0.26	11.78	1.58	2.49	−0.04	0.72	9.66
h/k	37	4.59	0.20	4.32	1.23	1.50	−0.61	0.72	3.04
gdp增长率	37	9.76	0.71	9.79	4.31	18.55	1.67	−0.53	−4.08
h增长率	37	9.38	1.13	9.04	6.90	47.64	0.66	−0.06	−7.64
k增长率	37	11.39	0.37	11.27	2.26	5.10	−0.67	−0.28	6.66

资料来源：根据历年《中国统计年鉴》计算得出

通过表2-13可以看出，从我国人力资本总量水平角度可以得到以下几个印象。第一，改革开放后，我国人力资本存量一直高于物质资本，前者是后者的3～7倍左右，均值为4.68，2011年二者比值达到最小，为3.04，1984年最大，人力资本存量和物质资本存量的比值为7.27。但物质资本存量的增长速度波动明显较人力资本增速更加平稳，就整体趋势来讲，物质资本增速为11.17，高于人力资本存量平均增长速度9.48，从而使两者绝对量比率不断下降。截至2012年人力资本存量为物质资本存量的3.05倍。第二，人力资本产出比在7～14之间，最大值为13.58，最小值为7.38，均值为9.85倍，在1983年达到最大值，然后呈下降趋势。截至2015年，我国人力资本产出比为8.31。第三，总资本（人力资本和物质资本之和）产出比在9～16之间，由于人力资本存量远高于物质资本存量，因此总资本与GDP比例变动趋势与人力资本较为相似。从物质资本、人力资本和GDP的波动上看，人力资本增速波动幅度最为剧烈，其次是GDP增长速度，而物质资本增长速度波动性最小。相对于物质资本增长速度而言，人力资本增速与GDP的增长速度相关性更强。

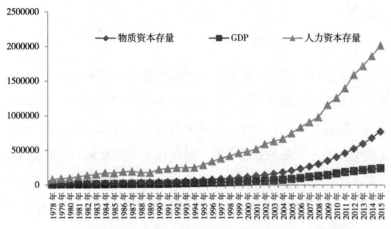

图2-7　我国1978—2015年物质资本、GDP以及人力资本存量比较

资料来源：根据历年《中国统计年鉴》计算得出

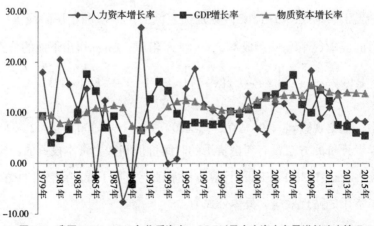

图2-8　我国1979—2015年物质资本、GDP以及人力资本存量增长速度情况

资料来源：根据历年《中国统计年鉴》计算得出

第二节　基于成本法的人力资本测算

一、文献回顾

基于成本法估计人力资本的思路主要是根据社会和家庭对个人教育和其他投入的货币价值多寡程度来决定。亚当·斯密（1776）在《国富论》一书中明确指出，为提高劳动生产率，需要对劳动者的技能进行技能培训，而这需要企业或个人投入大量的物质财富、时间成本和劳动精力，在企业生产中经过实际训练使劳动者的熟练程度得到提高，从而增加劳动者的单位时间产出[①]。Engel（1883）提出了一种测算人力资本价值的方法，他通过把社会分为高中低三个阶层，加总每个阶层子女教育的成本，由此算出社会人力资本水平[②]。Engel计算了从胎儿到25岁成人的时间内所需的总抚养费用，以此作为人力资本的数值，他认为一个人到26岁时已经完全成人，假定抚养一个年龄 $x < 26$、属于第 i 阶层（ $i=1,2,3$，分别代表低层、中层和上层阶级）的成本，由出生时的成本 c_{oi} 和每一年成本 $c_{oi}x + xc_{oi}k_i$ 组成，Engel得出下面的公式：

$$c_i(x) = c_{oi} + c_{oi}\left[x + \frac{1}{2}k_i x(x+1)\right] = c_{oi}\left[1 + x + \frac{1}{2}k_i x(x+1)\right] \qquad (2.11)$$

其中，根据观察 c_{01} =100马克， c_{02} =200马克， c_{03} =300马克； $k_i = k = 0.1$。

有学者评价此方法没有考虑货币的时间价值和人力资本投资的社会成本。Dublin & Lotka（1930）在Engle计算方法基础上完善了成本函数计算方法，并且加入了货币的贴现效应，具体公式为：

[①] 斯密:《国民财富性质和原因的研究》，商务印书馆 2005 年版。

[②] Engel, E.（1883）. Der Werth des Menschen, Verlag von Leonhard Simion, Berlin. Cited in Kiker（1966）.

$$C_a = (\pi_a)^{-1} \left[\sum_{i=0}^{a-1} (1+i)^{a-t} \pi_t (c_t - y_t E_t) \right] \qquad (2.12)$$

其中，C_a 为年龄为a的整个抚养成本，π_t 为年龄t时的存活率，i为利率，c_t 为第t~t+1时的抚养成本，y_t 为第t年收入，就业率，E_t 为就业率。

Schultz（1961）认为人力资本投资可分为医疗和保健成本、在职培训成本、正式教育成本、非企业成人教育成本、劳动迁移成本。Kendrick（1976）把人力资本分为有形资本和无形资本，并证明这些总括的人力资本投资的收益率是可以和非人力资本相比较的量，得出人力资本水平的提升是经济增长的主要原因。他采用改进后的人力资本投资成本方法，测算了美国1929—1969年的人力资本存量。Kendrick的测算结果表明，美国在1929—1956年间物质资本大于人力资本，随着美国经济的飞速发展，教育支出的不断增加，以及家庭、企业和个人对人力资本投入的重视。具体如表2-15所示。

表2-15 Kendrick估计的美国教育投资总成本（百万美元）

年份	1900	1910	1920	1930	1940	1950	1956
小学	233	450	967	1947	1810	4219	7853
中学	81	180	937	1870	2905	6492	10944
大学	90	182	595	1151	1624	6287	9903
合计	404	812	2499	4968	6339	16998	28700

资料来源：舒尔茨《论人力资本投资》

Eisner（1985）肯定家庭在培养子女中非市场行为的作用，并把R&D作为一种人力资本投资，通过直线折旧法测算了1945—1981年间美国人力资本总值，结果显示在此37年间美国年均人力资本投资增速为4.7%，高于总资本增长速度0.8个百分点，其测算结果较之Kendrick方法更为显著[1]。Kokkinen通过生产成本模式衡量芬兰的人力资本投资，结果发现在1890—2000年间投资在正规教育GDP直接贡献率为1%~5%，其中1910—2000年间芬兰人力资本年均增

---

[1] Eisner, R.（1985）. The total incomes system of accounts[J]. Survey of Current Business, 65（1）:24-48.

长3.8%，高于物质资本年均增速3.3%。Bowman（1962）[1]和Machlup（1984）[2]认为生活支出是生活消费而非投资，相对于收入法而言，成本法忽视了非市场活动、个人自我发展等外部效应等因素，由此可能导致人力资本水平被低估。Barro and Sala-I-Martin（1995）采用政府对教育的支出费用和GDP的比值来作为人力资本投资的代用指标。然而教育投入的度量可能是与获得知识和技能没有密切的一致的联系，也可能忽视了教育体系的制度特征等因素[3]。

我国学者周天勇（1994）、张帆（2000）、钱雪亚和刘杰（2004）、梁昭（2000）、钱雪亚和刘杰（2004）等都采取投资成本的方法测算我国人力资本。焦斌龙（2010）将人力资本分类，通过永续盘存法估算了中国1978—2007年的人力资本存量[4]。乔红芳和沈利生（2015）将我国人力资本的成本分为4类，分别为：（1）直接教育投资；（2）医疗保健和文化教育娱乐支出；（3）人口迁移形成的支出；（4）人力资本投资的机会成本。然后采用加权法估算了中国1978—2011年的人力资本存量[5]。结果表明我国人力资本存量在1978—2011年的34年间增长了26.05倍，人均人力资本存量为10951元，年均增长率为8%，人力资本产出效率存在很大幅度波动，尤其在2008年之后出现大幅下跌。

表2-16　我国学者用成本法估算的人力资本存量对比情况（2000年不变价）（元）

研究人员	1978年	1995年	2000年
沈利生、朱运法（1999）	—	26195	—
张帆（2000）	6005	24000	—
钱雪亚等（2008）	9077	139177	—
焦斌龙、焦志明（2010）	5798	—	85246
乔红芳、沈利生（2015）	3212	12042	26321

① Bowman, M. J.（1962）Economics of Education[M]. HEW Bulletin 5.
② Machlup, F.（1984）. The Economics of Information and Human Capital[J], volume 3. Princeton University Press, Princeton, N.J.
③ 陈润：《劳动分工、人力资本与收益递增——新经济增长理论的文献综述》，中国社会科学院研究生院硕士学位论文，2013年6月。
④ 焦斌龙、焦志明：《中国人力资本存量估算：1978—2007》，《经济学家》，2010年第9期。
⑤ 乔红芳、沈利生：《中国人力资本存量的再估算：1978—2011年》，《上海经济研究》，2015年第7期。

由于数据可得性，在发展中国家关于人力资本投资的估算方法较为常见。周天勇（1994）采用Shultz的教育投资成本法，估算了我国1952—1990年的人力资本投资[①]。沈利生和朱运法（1997）按照行业分类（农业、建筑业、重工业、轻工业、交通运输、商业、通信业和非物质生产部门等8个行业）将各受教育程度类型乘以劳动力人数加权平均得到人力资本存量[②]。具体公式为：

$$H_i = \left[LU_i \times (4EU + 6EM + 5EP) + LM_i \times (6EM + 5EP) + LP_i \times 5EP / PCR \right]$$
（2.13）

其中，H_i为第i个行业的人力资本存量，LU_i为大学人数，LM_i为中学人数，LP_i为小学人数，EU、EM和EP分别表示大学、中学和小学的教育经费，PCR为消费价格指数。

曹晋文（2004）、孟晓晨等（2005）直接使用政府教育支出作为人力资本指标，这种方法存在一定缺陷，主要是人力资本投资没有区分流量和存量这一概念问题。

诸多学者对成本法测算人力资本提出批评，第一是关于人力资本投入成本并不一定与未来人力资本的价值和质量有必然的联系，人力资本的价值还取决于市场的需求，而且投资的成本不能完全刻画个体未来的生产能力，例如，一个更加健康的和聪明的小孩，需要的抚养成本会更低，如果利用成本法，身体体弱或智障小孩，抚养成本高，那么他们反倒拥有更高的人力资本，这显然有悖常理。第二是形成某些内在技能的投入成本很难准确地确定，而且很难区分到底哪些是属于消费，哪些是人力资本投资，例如，Kendrick（1976）认为14岁前，所有的抚养费用才是人力资本投资，如食物、衣服等生活必需品的费用，然而Bowman（1966）却认为只有当考虑奴隶的价值时，才仅仅将生活必需品的成本当成是人力资本的价值。所以，国内使用成本法计算人力资本存量的文献中使用了受教育的机会成本和教育的投资、财政对于

---

①　周天勇：《劳动力与经济增长》，上海三联书店1994年版。
②　沈利生、朱运法：《人力资源开发与经济增长关系的研究》，《数量经济与技术经济研究》，1997年第12期。

教育的支出、把儿童抚养到15岁所花费的教育资金、消费支出、卫生支出和文艺支出等各种不同的成本。第三是成本分析方法忽略了非市场化的社会成本，例如家庭教育、文化背景、公共教育投资与公共健康服务等因素都是形成个人人力资本的很重要的因素。由于成本法的这些严重的缺点，用这个方法测算的人力资本与当前整个经济劳动力的生产率可能存在相当大的差别。

二、基于成本法的测算指标

鉴于成本法在数据可得性方面存在诸多缺陷，只能在现有数据的基础上，尽量全面准确地估算我国人力资本投资。本书采用教育支出、卫生健康支出、人口迁移费用以及科研投入等指标，将人力资本投资限定在这几个指标范围之内。

（一）教育经费

由表2-17可以看出，我国1991—2015年教育总经费，1990年我国教育经费总支出为732亿元，发展至2015年教育经费总支出上升为36129亿元，25年间共增长49倍，年均增长16.9%。教育经费总支出又以国家财政性教育支出为主，其中总财政性教育支出从1991年的618亿元，上升至2015年的29221亿元，年均增长16.7%，总财政性教育经费中预算内教育经费从1991年的460亿元上升至2015年的25862亿元，年均增长17.5%。

表2-17　我国教育事业各项经费情况（亿元）

年份	教育经费合计	国家财政性教育经费		民办学校办学经费	社会捐赠经费	事业收入	学杂费	其他
		总财政教育经费	其中预算内					
1991	732	618	460	—	63	—	32	—
1995	1878	1412	1028	20	163	—	201	—
2000	3849	2563	2086	86	114	938	595	148
2005	8419	5161	4666	452	93	2340	1553	372
2010	19562	14670	13490	105	108	4106	3016	572
2015	36129	29221	25862					

资料来源：根据历年《中国统计年鉴》各年数据可在附表中查看

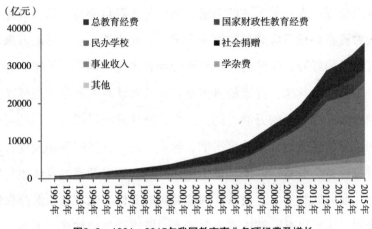

图2-9　1991—2015年我国教育事业各项经费及增长

资料来源：根据历年《中国统计年鉴》计算得出

我国各级教育生均公共财政预算事业费在2005年之前增长比较缓慢，尤其是高等教育生均公共财政预算事业费在2000—2005年反而出现下降情况，这是由于高校扩招，但公共教育支出的增长速度并没有同比例跟上造成的。自2005年以后各级生均公共财政预算教育事业费开始快速增长，这反映出政府逐渐加大对各级教育投入，2006年国家修订《义务教育法》规定"实施义务教育，不收学费、杂费"。随后先后取消了农村和城市地区的义务教育阶段的学杂费。与此同时，中国公共教育经费占GDP比重不断提升。改革开放之后公共教育经费有了明显的进步。1980年我国公共教育经费占GDP比重为1.93%，至2014年上升至4.1%，发展速度仍显不足，2000年之前中国公共教育经费占GDP比重长期徘徊在2%以下，2005年之后加速增长，2012年达到世界发展中国家4%的基础线，但与国际平均4.5%以及发达国家6.5%的水平还有很大距离[①]。

（二）医疗卫生健康支出

健康人力资本是总人力资本存量的重要组成部分。亚当·斯密"理性人"中的假设就认为，作为市场主体的理性人最关心最接近自身的事物，其中自

---

① 陈润：《经济赶超中的人力资本因素——基于国际经验比较》，《云南财经大学学报》，2017年第1期，第48-54页。

身健康状况是理性人首要关注的事情，所以关于对自身健康的投资是用成本法测算人力资本存量不应忽视的重要变量。除此之外，对于劳动者来说，健康还具有其他的好处：身体健康能够使劳动者提高劳动生产效率，并以此得到更多经济报酬。其次，健康的身体能够延长劳动者的寿命和退休年龄，这同样变相增加了劳动者的劳动时间。再次，身体健康可以有更强的可塑性和提升空间，劳动者通过提高教育水平、职业培训以及空间和职业迁移等手段来提高自身收益。最后，即使是处于退休阶段，拥有健康的身体也可以照顾孩子，节约雇佣保姆支出。更重要的是健康的身体还能节省在医疗保健产品和住院费用。由此可见，健康支出对于人力资本存量的估算至关重要。然而由于目前在人力资本估算角度研究遗传基因、自然社会环境方面尚无权威文献，生活方式对健康的影响也难以用数据和计量的方法来测算。因此本书利用城乡医疗保健费用作为估算人力资本投资的一个重要变量。如果仅用医疗保健费用这一个变量来测算人力资本存量。

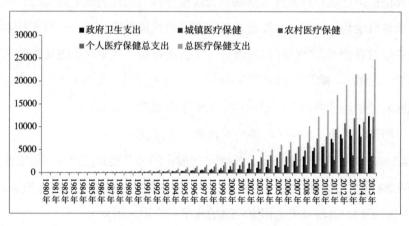

图2-10 1980—2015年我国医疗卫生健康支出（亿元）

资料来源：根据历年《中国统计年鉴》计算得出

由表2-18可以看出，改革开放以来，我国医疗卫生事业迅速发展。1980年我国医疗卫生健康总支出为91亿元，发展至2015年总支出上升为24804亿元，35年间共增长274倍，年均增长17.4%。其中政府卫生支出年均增长16.9%，个人医疗保健总支出年均增长17.9%。2015年我国政府卫生支出和个人支出占比分别为50.3%和49.7%，二者相差不大。但从历史来看二者在不同阶段的比例有较大区别，其中政府卫生支出占比呈现先下降后上升的"U"形特征，而与此相反个人医疗卫生支出占比则呈现先上升后下降的"倒U"形特征。1980年我国政府卫生支出为52亿元，此后每年保持两位数的增速，至2015年我国政府卫生支出为12475亿元，35年间共增长240倍，年均增长16.9%，其中，城镇医疗保健发展明显大大超过农村医疗保健支出，1980—2015年我国城镇医疗健康支出共增长1058倍，年均增长22%，而农村医疗保健支出共增长121倍，年均增长14.7%，城镇医疗保健支出由仅为农村医疗保健支出的1/4增长至2015年为农村医疗保健支出的2.3倍。

表2-18　1980—2015年我国医疗卫生健康支出（亿元，%）

指标名称	政府卫生支出		城镇医疗保健		农村医疗保健		个人医疗保健总支出		总医疗保健支出	
年份	总额	增速	总额	增速	总额	增速	总额	增速	总额	增速
1980	52		8		30		39		91	
1985	108	20.3	21	30.7	62	25.8	83	27.0	191	23.2
1990	187	11.6	78	25.5	160	17.0	238	19.7	425	16.0
1995	387	13.2	387	36.8	365	32.9	752	34.8	1140	26.6
2000	710	10.7	1460	35.9	708	23.2	2168	31.5	2878	25.7
2005	1553	20.0	3378	17.8	1253	26.8	4631	20.1	6183	20.1
2010	5732	19.0	5839	5.7	2188	10.4	8027	6.9	13760	11.7
2015	12475	17.9	8624	8.2	3705	16.5	12329	10.6	24804	14.2

资料来源：根据历年《中国统计年鉴》计算得出

（三）人口迁移支出

中国目前存在非常明显的人口迁移现象。这种人力资本的迁移情况可以简单地划分为短期迁移和长期迁移两种。其中短期迁移指一段时间（一年以下）且不改变迁移者的永久居住地，在一定时期以内短期迁移通常具有周期性，一般存在或短或长的工作搜寻期，在我国以农村务工人员短期流向城市为主。而人力资本的长期迁移通常指长期（一年以上）的改变居住地或者改变迁移者的永久居住地。在我国主要表现为城市化进程中由农村移居城市或者。大部分人口迁移的目的是追求高的劳动报酬，另外国家重大经济政策和工程也会造成大量人口迁移。如三峡库区移民、设立经济特区以及各城市的高新开发区等。

人口迁移支出是指包括自主的劳动力迁移期间所发生的支出费用。由于缺乏历史数据，本书采用我国城乡人口迁移总人数的交通和通信费用作为人口迁移的总费用，《中国统计年鉴》中此数据截止到2011年停止该数据统计，因此缺失值用历年交通和通信费用占城乡居民收入之比估算得出。由表2-19可以看出，改革开放以来，我国人口迁移发生了巨大变化，劳动者用于人口迁移方面的支出大幅增长。1980年我国在人口迁移方面的支出仅为14亿元，发展至2015年人口迁移费用支出上升为4445亿元，35年间共增长316倍，年均增长17.9%。

表2-19　1980—2015年我国人口迁移支出情况（亿元）

年份	总额	年份	总额	年份	总额
1980	14	1992	98	2004	889
1981	26	1993	124	2005	1057
1982	26	1994	167	2006	1359
1983	38	1995	213	2007	1830
1984	46	1996	538	2008	1510
1985	53	1997	591	2009	2131
1986	62	1998	630	2010	2975
1987	63	1999	668	2011	2847
1988	66	2000	719	2012	3146
1989	66	2001	786	2013	3217
1990	70	2002	871	2014	3327
1991	88	2003	970	2015	4445

资料来源：根据历年《中国统计年鉴》计算得出

（四）科研经费支出

改革开放以来，我国科研经费支出大幅增长。1980年我国在人口迁移方面的支出仅为65亿元，发展至2015年科研支出费用上升为14170亿元，35年间共增长218倍，年均增长16.6%，最高增速为199年的55%。按照汇率计算，我国科研经费支出在2010年超越德国成为世界第三大支出国，又于2013年超越日本，目前仅次于美国，已成为全球第二大研发经费投入的国家，同时也是研发投入最大的发展中国家。与此同时，我国科研经费占GDP比例也逐渐上升，2015年我国科研经费支出占GDP比例为2.1%。科研经费大幅提高为科技创新提升人力资本水平创造了有利条件。在国家科研经费支出的大力推动下，我国科技成果硕果累累，不论是基础研究还是各项发明专利都快速增长，我国科技产出能力取得巨大成绩。

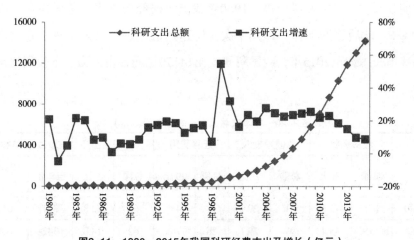

图2-11 1980—2015年我国科研经费支出及增长（亿元）

资料来源：根据历年《中国统计年鉴》计算得出

三、成本法人力资本估计结果

根据人力资本投资的成本法，表2-20估算出我国1980—2015年间各项投入费用加总得到的总人力资本投资。表2-20结果表明：以1990不变价格计算，我国1980年人力资本总投资为614亿元，到2015年上升为27981亿元，35年间平均每年增长11.46%，以当年价格计算，我国1980年我国人力资本投资总额为311亿元，截至2015年上升至79548亿元，在此35年间人力资本投资年均增长17.2%，这一增长速度远远高于物质资本和GDP的增长速度。反映了改革开放之后我国大力发展对于人力资本的投资。此计算结果明显高于王德劲

（2004）截至2002年的计算结果，可以给出的解释是步入21世纪之后我国对人力资本投资保持平稳快速的投入。从人力资本投资的各组成部分结构看，教育支出占比介于40%～50%之间，并且其比重相对较为稳定。人口迁移费用在改革开放初期随着大量人口进城。其占比明显有所提高，最高比重在1984年上升至11.7%。随着交通事业的快速发展，交通和通信费用在人力资本投资中所占比例不断降低，截至2015年，此比重下降至5.6%。总健康投入大体上占总人力资本投资的1/3左右，且占比相对保持稳定。人力资本投资主要由教育经费和健康投入组成，二者之和占到总人力资本投资的近80%。科研支出占比明显呈"U"形发展趋势。1980年我国科研经费支出占总人力资本投资的20.8%，此后逐渐下降，1998年次占比达到最低点，仅为7.3%，在此之后又快速增长，截至2015年，我国科研支出14170亿元，占人力资本投资比重的17.8%。

表2-20 成本法总人力资本（亿元，%）

年份	教育经费		总健康投入		迁移费用		科研支出		总人力资本投资	
	总额	占比	总额	占比	总额	占比	总额	占比	当年价	1990年不变价
1980	141	45.5	91	29.1	14	4.6	65	20.8	311	614
1981	155	45.4	99	29.1	26	7.6	62	18.0	342	660
1982	178	44.4	119	29.8	38	9.6	65	16.3	400	758
1983	205	46.6	130	29.5	26	5.9	79	18.0	440	816
1984	249	44.0	155	27.5	66	11.7	95	16.8	565	1019
1985	297	46.6	191	30.0	46	7.3	103	16.1	636	1050
1986	349	47.0	219	29.5	62	8.3	113	15.2	742	1150
1987	372	46.4	246	30.7	70	8.8	114	14.2	802	1158
1988	458	48.5	303	32.1	63	6.6	121	12.8	945	1150
1989	562	50.2	366	32.7	63	5.7	128	11.4	1120	1154
1990	659	51.7	425	33.3	53	4.2	139	10.9	1276	1276
1991	732	49.7	493	33.4	88	6.0	161	10.9	1474	1425
1992	867	49.7	592	33.9	98	5.6	189	10.8	1746	1587
1993	1060	50.4	693	32.9	124	5.9	226	10.7	2102	1666

续表

年份	教育经费		总健康投入		迁移费用		科研支出		总人力资本投资	
	总额	占比	总额	占比	总额	占比	总额	占比	当年价	1990年不变价
1994	1489	52.7	900	31.9	167	5.9	268	9.5	2825	1803
1995	1878	53.2	1140	32.3	213	6.0	302	8.6	3533	1926
1996	2262	48.7	1492	32.1	538	11.6	349	7.5	4640	2336
1997	2532	47.9	1758	33.2	591	11.2	409	7.7	5290	2590
1998	2949	48.9	2010	33.4	630	10.4	439	7.3	6028	2975
1999	3349	47.9	2290	32.8	668	9.6	679	9.7	6986	3498
2000	3849	46.1	2878	34.5	719	8.6	896	10.7	8341	4159
2001	4638	47.9	3219	33.2	786	8.1	1043	10.8	9686	4796
2002	5480	47.6	3881	33.7	871	7.6	1288	11.2	11520	5751
2003	6208	47.0	4499	34.0	970	7.3	1540	11.6	13217	6520
2004	7243	47.5	5149	33.8	889	5.8	1966	12.9	15247	7239
2005	8419	46.5	6183	34.1	1057	5.8	2450	13.5	18109	8446
2006	9815	46.8	6797	32.4	1359	6.5	3003	14.3	20974	9637
2007	12148	46.7	8324	32.0	1830	7.0	3710	14.3	26012	11404
2008	14501	47.0	10232	33.2	1510	4.9	4616	15.0	30858	12775
2009	16503	44.9	12323	33.5	2131	5.8	5792	15.8	36749	15323
2010	19562	45.1	13760	31.7	2975	6.9	7063	16.3	43359	17502
2011	23869	45.5	17025	32.5	2847	5.4	8687	16.6	52428	20080
2012	28655	46.7	19303	31.4	3146	5.1	10298	16.8	61402	22921
2013	30365	45.3	21587	32.2	3217	4.8	11847	17.7	67016	24382
2014	32806	46.3	21727	30.7	3327	4.7	13016	18.4	70876	25280
2015	36129	45.4	24804	31.2	4445	5.6	14170	17.8	79548	27981

资料来源：根据历年《中国统计年鉴》计算得出

从图2-12，1980—2015年人力资本投资和物质资本变化的折线图中可以看出，人力资本投资和物质资本变化趋势一致，在1990年之前增长速度较慢，1990年以后增长加快，2000年以后人力资本投资从数量和速度上明显加快。

1980—2015年我国人力资本投资和物质资本之比仅在1994—1997年4个年份低于0.3，其余所有年份皆介于0.3～0.5之间。

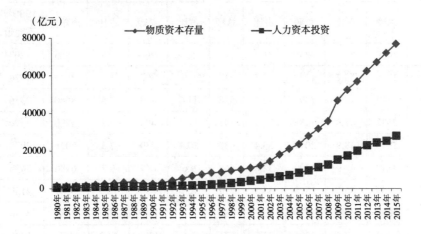

图2-12 1980—2015年我国物质资本和人力资本投资情况

资料来源：根据历年《中国统计年鉴》计算得出

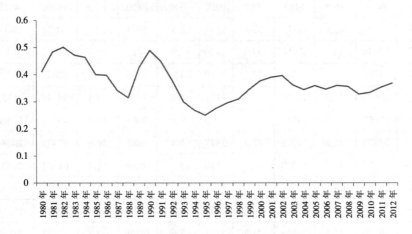

图2-13 1980—2012年人力资本投资和物质资本比

资料来源：根据历年《中国统计年鉴》计算得出

另外，也可以通过各不同受教育程度人口在相应教育阶段支出的学费进行加权计算，可以计算得到以成本法估算的人力资本投资。假定不同教育程度人口的学费支出标准化为如下系数：小学、初中、高中、大专及以上分别为1、1.7、3.4、22，进行加权平均即得出我国1990—2016年省级地区截面人力资本投资。由于我国在初等教育、中等或高等教育等同级别学校所收学费大多相同，因此可以采用本标准系数对人力资本投资进行估算。表2-21为根据人均教育支出得出的我国各省份部分年份人力资本投资的测算结果，全表在附表查看。计算结果表明北京、上海和天津的人均人力资本投资远高于其他省份，其中上海为17.34，天津为17.31，北京为16.24，此前北京为我国各省际人力资本投资的首位，由于人口限制，新生儿比例偏低等因素的影响，出现一定程度下降。四川、贵州、宁夏、山西和甘肃等省份人均人力资本水平较低，为北京上海和天津的1/2左右，表现出我国人力资本在东西地区表现出较大的差异。

表2-21 根据人均教育支出估计的人均人力资本投资

地区	1990年	1995年	2000年	2005年	2010年	2016年	2016年排名
北京市	8.3	9.02	9.54	15.25	17.12	16.24	3
天津市	6.29	6.44	5.83	12.77	15.55	17.31	2
河北省	2.46	2.88	2.88	5.57	10.37	12	14
山西省	2.46	2.91	2.86	5.86	9.51	8.55	28
内蒙古	2.57	2.97	3.09	5.91	10.66	11.06	18
辽宁省	3.3	3.75	4.62	9.56	12.53	15.17	4
吉林省	3.28	3.58	3.86	8.07	13.12	13.5	9
黑龙江省	2.8	3.28	3.38	6.8	11.68	8.92	26
上海市	8.83	8.45	8.17	14.89	15.27	17.34	1
江苏省	2.94	3.63	4.52	8.35	12.92	13.78	8
浙江省	2.64	3.06	4.03	8.26	11.97	12.47	11
安徽省	2.14	2.86	2.66	5.06	8.28	10.07	22
福建省	2.55	3.13	2.88	6.07	10.22	14.68	5
江西省	2.04	2.79	2.76	6.74	11.74	10.57	21
山东省	2.28	3.05	3.06	6.31	11.34	11.82	15
河南省	2.02	2.53	2.62	4.38	7.65	11.19	17
湖北省	2.78	3.18	3.71	7.46	9.97	14.23	7
湖南省	2.41	2.96	3.29	5.84	11.31	12.93	10
广东省	2.94	2.88	2.91	5.35	9.9	10.92	20
广西	1.97	2.48	2.48	4.3	10.11	11	19

地区	1990年	1995年	2000年	2005年	2010年	2016年	2016年排名
海南省	2.99	2.38	2.47	4.56	8.36	12.02	13
重庆市	6.15	4.96	4.1	6.67	10.39	12.34	12
四川省	1.95	2.82	3.18	6.22	9.52	8.63	27
贵州省	1.96	2.11	2.19	3.55	5.12	5.39	30
云南省	2.12	2.52	2.56	3.78	6.77	9.37	24
陕西省	3.37	4.58	3.91	7.51	11.52	14.44	6
甘肃省	2.71	3.17	2.98	5.4	7.18	9.05	25
青海省	2.89	2.94	3.07	5.88	6.97	9.63	23
宁夏	2.64	2.76	2.86	5.52	8.06	6.75	29
新疆	2.88	3.09	3.06	4.8	7.1	11.32	16

资料来源：根据历年《中国统计年鉴》计算得出

第三节　基于教育成果法的人力资本测算

一、教育指标及文献研究

基于教育成果法测算人力资本的指标主要包括成人识字率、各级教育入学率受教育限、各教育程度人数比例、各级教育程度毕业率、各级教育程度师生比、平均教育年数等。萨默斯和赫斯顿（1988，1991）用成人识字率和入学率等代用指标设定劳动力的人力资本存量[1]。罗默（1990）也将成人识字率作为人力资本的代用指标，成人识字率度量成年识字者（如15岁以上）人数占相应年龄组人口数的百分比[2]。联合国计划署认为这一指标代表着消费生

---

[1]　Summers, Robert and Heston, Alan, 1991. "The Penn world Table, Marks: an expanded set of international comparisons" ,Q.J.E, 106, 2 May, 327–68.

[2]　Romer, P.1990b, "Are Non-convexities Important for Understanding Growth", A.E.R 80,97–103.

活水平，另外这一度量指标明显可以代表一部分人力资本，诸如读书和写作以及沟通能力。但这一指标度量人力资本也存在明显的缺陷，除了基本的识字能力外，劳动者其他教育能力都被忽略了（比如数学、逻辑推理以及个人的科学知识掌握程度等）[1]。

（一）成人识字率

早期人力资本理论很多学者采用成人识字率作为测量指标。萨默斯和赫斯顿（1988，1991）编制Penn World Table提供了大量国家不同年代的国民核算数据，大量文献用成人识字率和入学率等代用指标设定劳动力的人力资本存量，在大量研究中，这一设定方法反映了数据方便获得性，但此类代用指标估算人力资本存量是越来越难以令人满意[2]。罗默将成人识字率度量成年识字者人数占相应年龄组人口数的百分比[3]。公式如下：

$$l = \frac{M_A}{P_A} \tag{2.14}$$

其中，l代表成人识字率，M_A代表成人识字人数，P_A代表成人总数。

由于难以系统性地应用，以此变量测算出的人力资本存量是否适用于国际比较目前还存在争议。成人识字率仅反映了人力资本中劳动者基本识字能力，而劳动者的其他教育和工作能力数字能力、逻辑推理、技术水平等指标都被忽视了。因此将成人识字率作为代用指标暗含着其他投资不能直接提高劳动生产率，文盲率随后便作为未经历正式学校教育人口比例的代用指标。

（二）各级教育入学率

各级教育入学率（以下简称入学率）度量在某一年级的入学学生人数占相应年龄的总人数比例。入学率作为人力资本的代表，一定程度上反映了劳

---

① 陈润：《劳动分工、专业化人力资本和收益递增——新经济增长理论的研究综述》，中国社会科学院研究生院硕士学位论文，2013 年 6 月。

② Summers,R, and Heston,A.W.（1991）The Penn World Tabel（Mark 5）："An Expanded Set of International Comparisons," Q.J. E,106,2, 327–368.

③ 陈润：《劳动分工、人力资本与收益递增——新经济增长理论的文献综述》，中国社会科学院研究生院硕士学位论文，2013 年 6 月。

动者本身人力资本水平和能力，但也存在一系列缺陷问题。入学率指标不能反映当前劳动者本身具有的人力资本，正在接受教育的学生不能将其教育能力作用于当前的经济活动，换句话说，现有入学率指标与劳动市场中的劳动者具有的人力资本水平并不匹配。入学率度量人力资本的另一缺陷便是存在时滞，因为当前在读的学生尚未成为劳动力用于生产，因此入学率和一国的劳动力所包含的人力资本存量之间并不存在直接的和稳定的关系。因此有些学者认为入学率可能不会准确地表示人力资本存量的变化，特别是在教育和人口结构的快速转型期间。

（三）受教育年限

由于入学率和识字率在测算人力资本的固有缺陷，更多学者开始转向使用受教育总年限或受教育平均年限作为度量指标。受教育年限能更好地反映劳动者的教育状况和综合素质，比起识字率和入学率，受教育年限能够较为精确地反映人力资本。学者一般通过不同教育程度的人数加总来得到人力资本。国外典型的研究把教育划分为六个等级，未接受教育，完全小学，完全中学，不完全高中，完全高中，大学，通过对人口普查和教育统计数据整理出各教育程度的人数进行加权平均，得到教育获得水平（ATT），具体公式可以写为[1]：

$$s^{ATT} = \sum_a \left[n_a \left(\sum_{i=1}^{a} D_i \right) \right] \qquad (2.15)$$

其中，n_a 为最高教育程度为 a 的得分，D_i 是教育年限。

此公式为采用教育成果法测算人力资本奠定了模型基础，国内学者胡永远以此模型为基础，对不同等级的教育质量赋以不同的折算系数，改进了此测算公式。

（四）其他指标

巴罗和李（1993）采用对劳动力教育构成的信息，按照联合国教科文组

---

[1] Psacharopoulos, George, Patrinos, Harry Anthony: "Returns to investment in education: a further update", Education economics 2004 2, 111-134.

织的国际教育标准分类把教育程度分为：未接受学校教育、不完全小学教育、完全小学教育、初中教育、高中教育和高等教育并在此基础上对教育水平进行度量。除了人力资本量上的度量之外，人力资本也引进了对教育质量的差异[1]。巴罗（1991）将学生—教师比率加入分析，作为学校教育质量的粗略的代用指标。巴罗和萨拉伊马丁（1995）使用政府教育支出对国内生产总值的比率。然而教育投入的度量可能与获得知识和技能没有密切的一致的联系，可能忽视了教育体系的制度特征等因素[2]。

不同设定方法会对人力资本存量的度量产生很大影响，这会导致在经验应用中产生不一致的结果，并因此在人力资本对经济增长的重要性这一关键问题上产生有分歧的结论。教育作为积累人力资本的一种手段，全面的人力资本设定方法应该考虑人们用于改善其生产率的其他所有投资。除正式教育外，这些投资应包括非正式教育、在职培训所获得的技能、通过"干中学"所获的经验。此外，医疗保健、营养、工作条件的改善也应看作健康的投资。教育是社会发展的一个重要方面，除了在狭义上对人力资本产生作用，能够促进生产能力的提高之外，对更加广泛意义上的生活价值和个人自我提升上也具有深远意义。人力资本本身不仅可以在经济活动中产生作用，就像阿玛蒂亚森把发展理解为扩大自由的广义概念上，经济增长本身并非最终目的，提升人们的自由手段和生活价值便超出了人力资本本身的作用[3]。

二、已有研究成果

目前，用教育成果测算人力资本的多数当代学者都采用平均受教育年数或受教育总年数来作为代用指标。蔡昉等（1999）、郝枫（2005）、徐迎春等

---

[1] Barro & Lee （1993）, "Internantional comparisions of educational attainment", Journal of Monetary Economics 32（3）: 363-394.

[2] 陈润：《劳动分工、人力资本与收益递增——新经济增长理论的文献综述》，中国社会科学院研究生院硕士学位论文，2013年6月。

[3] 陈润：《劳动分工、人力资本与收益递增——新经济增长理论的文献综述》，中国社会科学院研究生院硕士学位论文，2013年6月。

（2005）采用平均受教育年限测算人力资本存量。而胡鞍钢（2002）、周亚等（2004）以受教育总年限来测算人力资本存量，而胡永远（2005）比较了受教育总年限和平均受教育年限两种方法，并区分了总人力资本和人均人力资本，胡永远通过加权方法度量总人力资本存量，再以总人力资本存量除以就业人数得到平均受教育年限。

（一）以平均受教育年限作为度量指标

学者一般通过设定各教育程度时的年数以及权重不同，来测量平均受教育年限，因此其测算方法也存在一定差异。如蔡昉（1999）采用受教育年限（6岁以上的人口）来计算我国各省际人力资本存量。具体方法是通过设定各年级的教育年数：文盲、小学、初中、高中、中专、大专、大学的教育年数分别为0年、6年、9年、12年、13年、14年、16年，把各教育水平的劳动人数进行加权平均计算出地区截面人力资本水平[①]。宋光辉（2003）通过设定小学、初中、高中和大学各级受教育年限为6年、9年、12年和16年，通过加权平均计算了我国15岁到54岁劳动总数的平均受教育年限。朱翊民等（2002）通过设未上学、小学、初中、高中、专科及以上的受教育年限分别为1年、5年、8年，11年和15年，测算了我国全部人口的人力资本存量。徐迎春等（2005）对各级受教育年限的设定与朱翊民（2002）相同，并以此年限为权重，对就业人口的不同教育水平进行加权得到人力资本和人均人力资本。

囿于数据可得性，上述学者通过对平均受教育年限设定方法不同，所以计算方法也各异，主要表现在各级教育水平的受教育年限设定存在差异，其次各学者测量对象范围从全国到省际，人口范围包括总人口、15~64岁人口、就业人口以及6岁及以上人口等几种，各教育阶段的年限设定虽有所差异，但由于我国教育制度在时间或省际无太大差异，因此各位学者设定各级教育程度、年限之间没有太大差异。

---

① 蔡昉、王德文：《中国经济增长可持续性与劳动贡献》，《经济研究》，1999 第 10 期。

（二）以受教育总年限测量

我国经济学者关于以受教育总年限测算人力资本的学者很多，比如侯亚非（2000）、王金营（2001）、胡鞍钢等（2002）将就业人口的受教育总年限作为测量指标。另外还有许多学者对此方面进行深入研究，但从方法上与上述学者差别并不太大，在此不一一赘述。

三、测算方法与结果：单一指标和综合指标

本节在教育成果法的基础上分别通过单一和综合指标来估算我国2015年和2014年各省际人力资本存量。本节首先选取中国各地区平均受教育年限加受教育总年限作为单一指标，根据历年《中国统计年鉴》和第六次人口普查中的数据，把我国各级教育程度分成不同等级，并计算出各教育程度的受教育年限。通过给不同程度教育水平的质量和机构设定不同折算系数，最后经过加权得出中国省级各地区的人力资本。综合指标分析了15种与教育质量和总量的相关指标，采用主成分分析方法，估算出各教育指标的影响因素，最后采用综合评价方法得到综合指数，并对各地区进行比较。

（一）单一指标

2014年和2015年《中国统计年鉴》的数据较容易得到，本书将教育分为未上学、小学、初中、高中、中职、大专、本科和研究生八种教育程度。并将高中和中职合并到一起，其对应的教育年数分别设定为0年，6年，9年，12年，15年，16年和20年，本书各级教育质量折算系数假设为未上学、小学、初中、高中、大专、本科和研究生分别为0，1，1.2，1.5，1.8，2和2.5。因此受教育年限的计算公式为：

$$TH = \sum_{i=1}^{7} P_i E_i w_i \tag{2.16}$$

用受教育总年限除以各级教育水平的人口数得到平均受教育年限，具体公式如下：

$$EH = \frac{TH}{\sum_i P_i} \tag{2.17}$$

其中，*TH*为受教育总年限，P_i为不同教育程度人口数，E_i为不同教育程度年限，w_i为不同教育程度折算系数，*EH*为平均受教育年限。

由表2-22和表2-23可知，我国各地区受教育程度表现出地区发展不平衡和性别发展不平衡两个明显特点。2015年我国全国受教育年限各省份中，广东、山东、河南、江苏和四川位列前五，天津、海南、宁夏、青海和西藏名列后五，其中全国各省份受教育年限男性普遍高于女性。2015年我国全国平均受教育年限为12.7年，其中北京平均受教育年限为21年，排在第一位；其次是上海和天津，分别是17.3年和15.9年。平均受教育年限最低的三个地区是贵州、青海和西藏，其平均受教育年限分别为10.2年、10.1年和6.9年。平均受教育年限与各地经济发展程度存在较强的正相关关系，比如东部地区省份平均教育年限明显高于我国中部地区省份平均教育年限，西部地区省份人均教育年限最低。同时我国平均教育年限在性别构成上存在一定差异，可以明显看出我国各省份男性平均受教育年限明显不同程度地高于女性。从全国范围来看，男性平均受教育年限程度高于女性1.1年，平均受教育程度的性别间差异最大的三个省份是安徽、福建和江西，其男性平均受教育年限分别高于女性2.1年、1.8年和1.7年，差异最小的三个省份是黑龙江、新疆和天津，天津女性高于男性0.2年。

表2-22 2015年中国及各省受教育年限情况

地区	受教育年限			平均受教育年限		
	总年限	男性	女性	加权后平均	男性	女性
全国	251908906	134020608	117888293	12.7	13.2	12.1
北京	6666163	3519127	3146971	21.0	21.3	20.8
天津	3633474	1979356	1654094	15.9	15.8	16.0
河北	12965232	6700978	6264304	12.2	12.5	11.8
山西	7201123	3862601	3338545	13.4	13.9	12.9
内蒙古	4878296	2531553	2346743	13.2	13.5	13.0
辽宁	9139351	4670963	4468380	14.0	14.3	13.7

续表

地区	受教育年限			平均受教育年限		
	总年限	男性	女性	加权后平均	男性	女性
吉林	5326130	2730794	2595299	13.0	13.2	12.8
黑龙江	7400146	3773808	3626311	12.9	13.1	12.8
上海	6166726	3280382	2886362	17.3	17.7	16.9
江苏	15882809	8489865	7392912	13.7	14.4	12.9
浙江	10133255	5495250	4637999	12.5	13.1	11.8
安徽	10570944	5829467	4741526	12.0	13.0	10.9
福建	6714511	3682292	3032251	12.3	13.2	11.4
江西	7791540	4248893	3542725	12.0	12.8	11.1
山东	17791909	9618099	8173781	12.5	13.3	11.7
河南	15955336	8352703	7602583	11.8	12.2	11.4
湖北	11227751	6012723	5215038	13.3	14.0	12.5
湖南	12530396	6522604	6007828	12.8	13.2	12.4
广东	20515934	11322711	9193223	13.2	13.7	12.6
广西	7767966	4075807	3692146	11.5	11.8	11.2
海南	1618145	898026	720137	12.5	13.3	11.7
重庆	5430889	2810339	2620504	12.3	12.7	11.9
四川	13666647	7115925	6550793	11.4	11.8	10.9
贵州	5100476	2806748	2293682	10.2	10.9	9.4
云南	7275356	3876607	3398726	10.7	11.1	10.2
西藏	317340	173177	144224	6.9	7.5	6.3
陕西	7638414	3979082	3659326	13.9	14.4	13.4
甘肃	4402836	2410607	1992180	11.7	12.4	10.9
青海	853739	477877	375876	10.1	10.9	9.3
宁夏	1190967	645020	545973	12.5	13.2	11.8
新疆	4154961	2127176	2027835	12.6	12.7	12.5

资料来源：根据《中国统计年鉴2016年》数据计算得出

表2-23　2015年中国及各省总受教育年限排名情况

受教育年限（前五位）				受教育年限（后五位）			
省份	总年限	男性	女性	省份	总年限	男性	女性
广东	20515934	11322711	9193223	天津	3633474	1979356	1654094
山东	17791909	9618099	8173781	海南	1618145	898025.8	720137.2
河南	15955336	8352703	7602583	宁夏	1190967	645020.4	545973.4
江苏	15882809	8489865	7392912	青海	853739.2	477877.4	375875.8
四川	13666647	7115925	6550793	西藏	317340.2	173177.4	144223.6

资料来源：根据《中国统计年鉴2016年》数据计算得出

表2-24　2015年我国各省份平均受教育年限排名情况

平均受教育年限（前五位）				平均受教育年限（后五位）			
省份	人均	男性	女性	省份	人均	男性	女性
北京	21.0	21.3	20.8	四川	11.4	11.8	10.9
上海	17.3	17.7	16.9	云南	10.7	11.1	10.2
天津	15.9	15.8	16.0	贵州	10.2	10.9	9.4
辽宁	14.0	14.3	13.7	青海	10.1	10.9	9.3
陕西	13.9	14.4	13.4	西藏	6.9	7.5	6.3

资料来源：通过《中国统计年鉴2016年》数据计算得出

表2-25　2014年我国各省份总受教育年限

受教育年限			平均受教育年限		
省份	总年限	男性	女性	平均年限	男性	女性
全国	13199396	7017072	6182319	12.6	13.1	12.1
北京	332690	165514	167170	19.8	19.5	20.1
天津	192758	95784	96992	16.2	16.1	16.2
河北	664383	348694	315638	11.9	12.2	11.5
山西	364976	188740	176254	12.8	13.1	12.6
内蒙古	243093	128264	114893	12.5	12.9	12.0
辽宁	505000	262557	242418	14.5	14.8	14.1
吉林	285321	148766	136534	13.2	13.5	12.8
黑龙江	397049	197609	199466	13.1	13.0	13.2

省份	受教育年限			平均受教育年限		
	总年限	男性	女性	平均年限	男性	女性
上海	323897	171473	152424	17.0	17.5	16.6
江苏	825599	439961	385595	13.4	14.3	12.5
浙江	558116	308735	249339	12.9	13.7	12.2
安徽	557882	283316	274566	12.0	12.4	11.7
福建	351932	191776	160120	12.2	12.9	11.5
江西	411665	226569	185064	12.0	12.7	11.2
山东	938159	502417	435742	12.4	13.2	11.6
河南	883452	458116	425336	12.4	12.8	12.0
湖北	572499	308484	264041	12.8	13.6	12.0
湖南	631748	332561	299156	12.3	12.7	11.9
广东	1053156	612263	440893	12.8	13.8	11.7
广西	418148	225419	192746	11.7	12.2	11.2
海南	84888	48574	36396	12.4	13.3	11.4
重庆	294329	157410	136881	12.7	13.2	12.1
四川	708859	362090	346812	11.3	11.6	10.9
贵州	293294	150724	142520	11.0	11.1	10.9
云南	363065	195423	167649	10.1	10.6	9.6
西藏	11973	6598	5407	5.1	5.6	4.7
陕西	373840	202877	170982	12.8	13.5	12.1
甘肃	227444	125327	102117	11.4	12.1	10.6
青海	50030	25521	24459	11.3	11.5	11.1
宁夏	59602	32087	27526	11.8	12.4	11.2
新疆	220568	113434	107163	12.9	13.0	12.8

资料来源：根据《中国统计年鉴2015年》数据计算得出

　　2014年我国各地区受教育程度同2015年一样，同样表现出地区发展不平衡和性别发展不平衡两个明显特点。2014年我国全国平均受教育年限为12.6年，其中北京平均受教育年限为19.8年，排在第一位；其次是上海和天津，分别是17年和16.2年。平均受教育年限最低的三个地区是贵州、云南和西藏，其平均受教育年限分别为11年、10.1年和5.1年。平均受教育年限与各地经济发展程度存在较强的正相关关系，比如东部地区省份平均教育年限明显高于我国中部地区省份平均教育年限，西部地区省份平均教育年限最低。同时我国平均教育年限在性别构成存在一定差异，从全国范围来看，男性平均受教育年限程度高于女性1年，平均受教育程度的性别间差异最大的三个省份是广东、海南和江苏，其男性平均受教育年限分别高于女性2.1年、1.9年和1.8年，差异最小的三个省份是新疆、天津和黑龙江，其男性平均受教育年限分别高于女性0.2年、–0.1年和–0.2年。

表2-26 2014年中国及各省总受教育年限排名情况

受教育年限（前五位）				受教育年限（后五位）			
省份	总年限	男性	女性	省份	总年限	男性	女性
广东	1053156	612263	440893	天津	192758	95784	96992
山东	938159	502417	435742	海南	84888	48574	36396
河南	883452	458116	425336	宁夏	59602	32087	27526
江苏	825599	439961	385595	青海	50030	25521	24459
四川	708859	362090	346812	西藏	11973	6598	5407

资料来源：根据《中国统计年鉴2015年》数据计算得出

表2-27 2014年中国及各省平均受教育年限排名情况

人均受教育年限（前五位）				人均受教育年限（后五位）			
省份	人均	男性	女性	省份	人均	男性	女性
北京	19.8	19.5	20.1	青海	11.3	11.5	11.1
上海	17.0	17.5	16.6	四川	11.3	11.6	10.9
天津	16.2	16.1	16.2	贵州	11.0	11.1	10.9
辽宁	14.5	14.8	14.1	云南	10.1	10.6	9.6
江苏	13.4	14.3	12.5	西藏	5.1	5.6	4.7

资料来源：根据《中国统计年鉴2015年》数据计算得出

随着教育事业的快速发展，在测度人力资本的同时，各级人力资本差异也应得到体现，为更好地反映各级教育间的差别，本书调整了胡永远关于各级教育质量的受教育年限和系数。具体各受教育年限设定为小学（以及特殊教育）为6年，初中为9年，高中和中职为12年，大学及以上（包括大专、高职、硕士研究生和博士研究生）为16年，教育质量系数设定小学及以下（以及特殊教育）为0，初中为1.2，高中和中职为1.8，大学及以上（包括大专、高职、硕士研究生和博士研究生）为2.5，估算了1990—2015年我国各级教育程度以及总受教育年限。具体参照表2-28。

表2-28　1990—2015年我国各级教育程度以及受教育年限（万年）

年份	普通初中	普通高中	中等职业学校	大学本科及以上	全国
1990	7981	3745	1984	2467	14846
1991	7631	3497	2096	2467	14420
1992	7744	3315	2148	2427	14343
1993	8040	3104	2280	2289	14371
1994	7923	2669	2395	2555	14221
1995	8248	2447	2767	3227	15315
1996	8841	2442	3115	3358	16282
1997	9807	2633	3242	3321	17368
1998	10830	3155	3511	3323	19014
1999	10788	2447	3624	3394	18455
2000	10274	1904	3807	3804	18077
2001	10407	1790	3596	4149	18208
2002	10646	1743	3140	5351	19104
2003	11025	2105	2927	7511	21730
2004	9375	2562	5232	9564	25170
2005	7455	3747	7536	12259	29754
2006	6236	4223	8476	15083	32979
2007	5023	5130	9310	17894	36521
2008	4058	5270	10170	20455	39277
2009	2814	4426	11001	21210	38982
2010	2230	3419	11727	22984	39988
2011	2623	2891	11670	24294	41040
2012	2430	2331	12101	25802	42260

续表

年份	普通初中	普通高中	中等职业学校	大学本科及以上	全国
2013	1985	2251	12401	26615	42922
2014	1750	1884	12375	27405	43122
2015	1850	1438	12032	28916	43927
25年增速	−76.8%	−61.6%	506.4%	1072.3%	195.9%
年均	−5.7%	−3.8%	7.5%	10.3%	4.4%
15年增速	−82.0%	−24.5%	216.0%	660.1%	143.0%
年均	−10.8%	−1.9%	8.0%	14.5%	6.1%

资料来源：根据历年《中国统计年鉴》计算得出

由图2-14可以看出，2015年全国受教育年限为43927万年，1990—2015年25年间，全国受教育年限共增长196%，年均增长4.4%；其中大学本科及以上受教育年限共增长1072%，年均增长10.3%；中等职业学校受教育年限共增长506%，年均增长7.5%；普通高中受教育年限下降了62.4%，年均下降3.8%；普通初中受教育年限共下降76.8%，年均下降5.8%。分时段来看在2000年之前，各阶段总教育年限总量增长较慢，增长速度也较为平稳。全国受教育年限在2000—2008年飞速增长，大学本科及以上受教育年限从2000年起增长速度明显加快，可以解释的原因是在20世纪末，我国实行大规模的高等教育扩招，提高了全国大学本科及以上的入学率以及总人数，同时由于普通初中教育年限出现较明显的下降，抵消了一部分高等教育年限的增长，但其发挥的作用较小。中等职业学校同样出现一定规模的增长。2000—2015年15年间，全国受教育年限共增长143%，年均增长6.1%；其中大学本科及以上受教育年限共增长660%，年均增长14.5%；中等职业学校受教育年限共增长216%，年均增长8%；普通高中受教育年限下降了25.5%，年均下降1.9%；普通初中受教育年限共下降82%，年均下降10.8%。

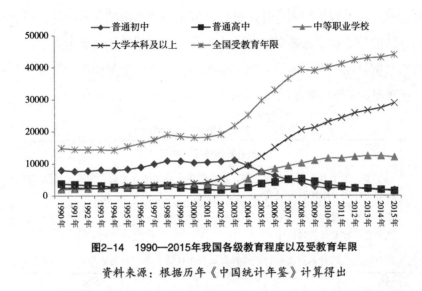

图2-14　1990—2015年我国各级教育程度以及受教育年限

资料来源：根据历年《中国统计年鉴》计算得出

（二）综合指标

教育成果法单一指标（受教育年限或平均受教育年限）一定程度上反映了劳动者本身教育水平。但是人力资本的教育因素不仅仅包括教育年限，还应考虑各级教育结构和质量等因素。诸多学者进行研究时通过对不同教育程度的质量赋以不同权重来区分这种结构和质量差异，如胡永远、郝枫等考虑了各级教育水平质量的差异，根据各级教育年限的计算结果按照一定的折算系数进行加权求和。但由于这些学者一般是从主观上对各级教育权重系数进行设定，并没有从现实因素上解释为何要进行赋值以及赋值大小。因此，基于教育的人力资本指数的计算，应考虑如下几个问题：（1）教育或人口指标的选择应当全面而且科学；（2）充分考虑各指标的地区差异，对不同教育程度赋权时应尽量科学准确；（3）另外要注意各指标的相关性，对各指标进行筛选以剔除重复影响因素。

本书采用各教育指标的因子进行分析并与综合指标分析相结合方法来测算我国省级人力资本的受教育程度情况。具体步骤为：将所选取的所有变量转换为影响因子，计算出影响因子贡献率作为权重，然后对影响因子进行加权平均计算出综合因子。再将综合因子进行矩阵对角化旋转，最后计算出综合得分。通过因子分析和综合评价可以较好地解决前面的几种缺陷，综合指数加权方法的特点在于从客观数据测算出各因素的权重，充分考虑了各所选变量的相对重要性。由于因子之间互不相关，回避了变量相关性导致变量选择的主观性和重复性计算等问题。

表2-29　教育总指数构成指标

	本书所选指标（共15个）
教育总指数	识字率，每十万人口中在校生数、在校学生人数和毕业生数，未经质量加权的平均教育年限，生均教育经费
	高等学校、普通高中、中等职业院校、初中和小学教育师生比，普通高中、初中和普通高校专任教师比率
	大专以上受教育人数比重、高等教育在校生比率、基础教育入学毕业生数比率

表2-30　2015年中国人力资本各构成指标统计分析

	最大值	最小值	均值	标准差	标准差系数
识字率	0.980	0.640	0.931	0.061	0.066
未加权受教育年限（未加权）	13.685	9.333	11.998	0.765	0.064
每十万在校生数	25736	11680	18577	3443	0.185
生均教育经费	36658	7161	13997	7418	0.530
普通小学师生比	0.086	0.050	0.063	0.010	0.156
初中师生比	0.116	0.061	0.085	0.014	0.161
高中师生比	0.126	0.057	0.075	0.015	0.197
中等职业学校师生比	0.121	0.028	0.054	0.019	0.353
普通高校师生比	0.070	0.052	0.057	0.004	0.067
普通高中专任教师比率	0.869	0.385	0.666	0.100	0.151
中等职业学校专任教师比率	0.911	0.628	0.768	0.059	0.077
普通高校专任教师比率	0.735	0.483	0.668	0.051	0.076
高等教育在校生比率	0.380	0.065	0.148	0.071	0.479
大专以上人口比重	0.382	0.026	0.124	0.065	0.523
基础教育毕业生比率	0.982	0.556	0.933	0.073	0.078

资料来源：根据《中国统计年鉴2016年》《中国教育统计年鉴2016》数据计算得出

表2-31 因子方差及其贡献率

Factor	Eigenvalue	Difference	Proportion	Cumulative
Factor1	7.40282	4.38538	0.5657	0.5657
Factor2	3.01744	1.63761	0.2306	0.7962
Factor3	1.37983	0.82164	0.1054	0.9017
Factor4	0.55819	0.16479	0.0427	0.9443
Factor5	0.3934	0.21084	0.0301	0.9744
Factor6	0.18256	0.03733	0.0139	0.9883
Factor7	0.14523	0.05533	0.0111	0.9994
Factor8	0.08991	0.0299	0.0069	1.0063
Factor9	0.06001	0.0077	0.0046	1.0109
Factor10	0.05231	0.05656	0.004	1.0149
Factor11	−0.00425	0.01062	−0.0003	1.0145
Factor12	−0.01488	0.01965	−0.0011	1.0134
Factor13	−0.03453	0.01286	−0.0026	1.0108
Factor14	−0.04739	0.04607	−0.0036	1.0071
Factor15	−0.09345	.	−0.0071	1

资料来源：根据《中国统计年鉴2016年》《中国教育统计年鉴2016》数据计算得出

　　表2-32给出对角旋转化之前的三个因子的方差及其贡献率，可以看出前三个因子累计能够解释方差的90.2%。通过对载荷矩阵对角旋转化可以得出相应的特征值向量，能够解释方差的85.1%。因此我们取前三个特征值。相应的特征向量可以得到。

表2-32 极大化旋转后的因子方差及其贡献率

Factor	Variance	Difference	Proportion	Cumulative
Factor1	4.58324	0.90624	0.3502	0.3502
Factor2	3.677	0.80084	0.281	0.6312
Factor3	2.87616	2.15571	0.2198	0.8509
Factor4	0.72045	0.0711	0.055	0.906
Factor5	0.64935	0.28709	0.0496	0.9556
Factor6	0.36226	0.22319	0.0277	0.9833

Factor	Variance	Difference	Proportion	Cumulative
Factor7	0.13907	0.00474	0.0106	0.9939
Factor8	0.13433	0.05604	0.0103	1.0042
Factor9	0.07828	0.01672	0.006	1.0102
Factor10	0.06156	.	0.0047	1.0149

资料来源：根据《中国统计年鉴2016年》《中国教育统计年鉴2016》数据计算得出

表2-33 对角旋转化后中国及各省人力资本各构成指标因素分析

Variable	Factor1	Factor2	Factor3
识字率	−0.2068	0.8739	0.02306
受教育年限	0.34913	−0.13175	−0.33364
每十万在校生数	0.00727	0.07763	−0.18665
生均教育经费	0.42536	0.1295	0.11737
普通小学师生比	−0.08184	0.00015	0.28723
初中师生比	−0.09532	0.00145	0.4493
高中师生比	0.20523	−0.01372	−0.09183
中职师生比	−0.08554	−0.04135	0.28057
高校师生比	−0.03679	0.02836	−0.071
普通高中专任教师比率	−0.00366	0.09354	0.0721
中等职业学校专任教师比率	0.17664	0.08248	0.0238
普通高校专任教师比率	−0.0453	−0.00725	−0.00999
高等教育在校生比率	0.02119	0.11171	0.20019
大专以上人口比重	0.38831	−0.0865	−0.38199
基础教育毕业生比率	−0.08564	0.3645	0.22975

资料来源：根据《中国统计年鉴2016年》《中国教育统计年鉴2016》数据计算得出

其中，第一主成分的表达式中第二、第四和第十四项指标系数较大，这三项指标起主要作用，我们可以把第一主成分看成是受教育年限、生均教育经费和大专以上人口比重这三个指标所刻画的反映教育质量的综合指标。第二主成分的表达式中第一项、第十三项和第十五项指标系数较大，这三项指标起主要作用，我们可以把第二主成分看成是识字率、高等教育在校生比率和基础教育毕业生比率这三个指标所刻画的反映教育结构的综合指标。第三主成分的表达式中第五项、第六项和第八项指标系数较大，这三项指标起主要作用，我们可以把第三主成分看成是小学师生比、初中师生比和中职师生比这三个指标所刻画的反映教育结构的数量指标。

表2-34　各教育指标因子及加权平均因子变量

变量	因子1	因子2	因子3	加权后因子
识字率	−0.207	0.874	0.023	0.209
受教育年限	0.349	−0.132	−0.334	0.014
每十万在校生数	0.007	0.078	−0.187	−0.020
生均教育经费	0.425	0.130	0.117	0.248
普通小学师生比	−0.082	0.000	0.287	0.041
初中师生比	−0.095	0.001	0.449	0.077
普通高中师生比	0.205	−0.014	−0.092	0.056
中职师生比	−0.086	−0.041	0.281	0.024
高校师生比	−0.037	0.028	−0.071	−0.024
普通高中专任教师比率	−0.004	0.094	0.072	0.048
中等职业学校专任教师比率	0.177	0.082	0.024	0.106
普通高校专任教师比率	−0.045	−0.007	−0.010	−0.024
高等教育在校生比率	0.021	0.112	0.200	0.097
大专以上人口比重	0.388	−0.087	−0.382	0.033
基础教育毕业生比率	−0.086	0.365	0.230	0.144

资料来源：根据《中国统计年鉴2016年》《中国教育统计年鉴2016》数据计算得出

　　因子通过方差极大化旋转，综合因子为各因子的方差贡献率的加权平均结果。

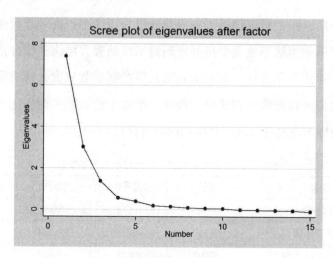

图2-15　各影响因子权重碎石图

通过各影响因子的碎石图，能够得出各个特征值的大小及影响权重。一般而言，在主成分分析中采用特征值大于1为主成分分析的分界线，因此我们可以看到3个因子就能解释本主成分分析，同时再次强调了本分析中第四因素以及以后的成分对结果造成的影响几乎可以忽略不计。

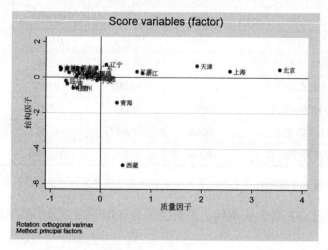

图2-16　主成分法得分情况

在得分图里我们可以看到不同地区在第一、第二主成分里各自得分情况，其中第一主成分得分中可以明显地看出北京、上海和天津得分最高，紧接着是浙江、江苏等省份，其他各省份第一主成分得分相差不大。第二主成分得分中衡量教育质量（平均受教育年限、师生比率等指标）西藏和青海两个省份得分最低，其余省市大体处于同一个发展水平。

为更好显示各地区的得分情况，本书将各地区主成分得分进行标准化，各地区统一转化为指数形式得分，具体公式为：

$$HP_i = \frac{x_i - Min(x_i)}{Max(x_i) - Min(x_i)} \times 40 + 60 \qquad (2.18)$$

其中，HP_i为各地区基于受教育年限的指数化人力资本存量，x_i为各地区受教育年限得分，$Max(x_i)$和$Min(x_i)$分别为全国各地区综合得分的最大值和最小值，为使结果更加清晰明了，将最终结果综合得分转换为60～100分之间的指数值。具体情况如表2-35所示。

表2-35　2015年全国各地区教育总指数、受教育总年限和平均年限（加权前后）及排名

地区	总指数（HE）		教育总年限（TH）	未经加权平均教育年限（EH）	加权后平均教育年限（WEH）	地区排名			
	标准化得分	主成分得分				HE	TH	EH	WEH
全国	65.37	-0.2241	251908906	12.04	12.70				
北京	100.00	3.5397	6666163	13.68	21.04	1	19	1	1
上海	90.97	2.5580	6166726	13.33	17.32	2	20	2	2
天津	84.92	1.9009	3633474	13.22	15.92	3	27	3	3
浙江	74.94	0.8156	10133255	11.92	12.50	4	10	19	16
江苏	73.93	0.7064	15882809	12.28	13.65	5	4	8	6
西藏	71.41	0.4322	317340	9.33	6.91	6	31	31	31
青海	70.32	0.3132	853739	10.82	10.14	7	30	30	30
辽宁	68.40	0.1043	9139351	12.61	14.00	8	11	4	4
福建	67.26	-0.0187	6714511	11.88	12.30	9	18	20	20
宁夏	66.71	-0.0790	1190967	11.94	12.49	10	29	18	18
广东	66.67	-0.0836	20515934	12.37	13.15	11	1	6	10
新疆	66.45	-0.1072	4154961	11.99	12.59	12	26	16	14
内蒙古	65.79	-0.1791	4878296	12.29	13.23	13	24	7	9
重庆	65.02	-0.2629	5430889	11.88	12.30	14	21	21	19

地区	总指数（HE）		教育总年限（TH）	未经加权平均教育年限（EH）	加权后平均教育年限（WEH）	地区排名			
	标准化得分	主成分得分				HE	TH	EH	WEH
安徽	64.92	-0.2732	10570944	11.78	11.96	15	9	24	23
湖北	64.69	-0.2987	11227751	12.23	13.26	16	8	12	8
湖南	63.96	-0.3783	12530396	12.21	12.83	17	7	13	13
陕西	63.39	-0.4395	7638414	12.26	13.91	18	14	11	5
山西	63.12	-0.4692	7201123	12.48	13.43	19	17	5	7
黑龙江	63.10	-0.4709	7400146	12.27	12.93	20	15	9	12
山东	63.03	-0.4789	17791909	12.01	12.50	21	2	15	17
贵州	63.00	-0.4825	5100476	11.03	10.18	22	23	29	29
海南	62.84	-0.4996	1618145	12.20	12.54	23	28	14	15
甘肃	62.36	-0.5520	4402836	11.57	11.67	24	25	26	25
河南	61.59	-0.6358	15955336	11.84	11.79	25	3	23	24
江西	61.31	-0.6657	7791540	11.85	11.96	26	12	22	22
云南	61.27	-0.6697	7275356	11.14	10.66	27	16	28	28
四川	61.03	-0.6958	13666647	11.51	11.39	28	5	27	27
广西	60.15	-0.7916	7767966	11.69	11.51	29	13	25	26
河北	60.02	-0.8059	12965232	11.96	12.16	30	6	17	21
吉林	60.00	-0.8082	5326130	12.27	13.00	31	22	10	11

资料来源：根据《中国统计年鉴2016年》《中国教育统计年鉴2016》数据计算得出

表2-35给出了根据主成分分析法计算的总得分以及全国和各省际教育总指数、各省际受教育总年限和受教育平均年限，并按照以上四个指标分别排名。结果显示：教育总指数全国标准化得分为35.37分，教育总指数最高的前五名为北京、上海、天津、浙江和江苏五个省份，具体标准化得分分别为100分、90.97分、84.92分、74.94分和73.93分，北京遥遥领先，比第二名上海高9分有余，教育总指数最低的五个省份为吉林、河北、广西、四川和云南，具体标准化得分分别为61.27分、61.03分、60.15分、60.02分和60分。全国教育

总指数标准化得分是由主成分得分代入公式计算得出，因此，主成分得分排名与标准化得分一致，全国总指数主成分得分为-0.2241分，主成分最高的前五名为北京、上海、天津、浙江和江苏五个省份，具体主成分得分分别为3.54分、2.56分、1.9分、0.82分和0.71分，主成分最低的五个省份吉林、河北、广西、四川和云南的具体主成分得分分别为-0.67分、-0.706分、-0.79分、-0.81分和-0.81分。

从计算结果可以看出主成分分析得出的标准化总指数得分情况与加权后的平均受教育年限情况排名差别不大，通过教育总指数方法得出2015年我国最高的前五位省份为北京、上海、天津、浙江和江苏，而通过加权后的平均受教育年限最高前五位省份依次为北京、上海、天津、吉林和江苏，仅一个省份不同。从地域来看，教育总指数得分东部省份分数明显高于中西部省份，原因在于东部无论从受教育年限，还是人均教育质量抑或是教育设施等相关投入都明显高于中西部，但是中部和西部省份得分差别并不是太大。未加权平均受教育年限与加权后的平均受教育年限的地区在总体排名上差异很小，且东部地区排名最高，中部地区排名次之，西部地区排名最低。因此，平均教育年限尤其是加权后的平均受教育年限更能体现地区社会经济发展程度和人力资本水平的高低差异。

第三章　中国人力资本与经济增长实证分析

为考察人力资本对经济增长的推动作用，本章首先通过对新古典增长以及内生增长理论进行阐述，并对我国有关学者对人力资本和我国经济增长的研究做出评述，然后根据我国经济实际发展情况，并结合本书第三章的三种测度方法对我国人力资本的估算，以考察不同人力资本指标变化对实证结果的影响。

第一节　人力资本与经济增长模型理论综述

一、索洛模型

索洛于1956年开创了新古典增长模型，并开始探索外生变量内生化的探索，此模型成为以后日后经济学家研究此方向的标准框架[①]。索洛主要通过把资本产出比、资本劳动比和劳动生产率作为内生变量来研究经济增长长期均衡的存在性和稳定性。此模型通过构造新的总量生产函数，并遵循新古典的历史传统，其主要目的是解决哈罗德模型中的刀锋特点。索洛模型引起世界范围内经济学者的广泛关注，诸多学者开始重返对经济增长话题的研究，很

[①]　Solow, R., "A Contribution to the Theory of Economic Growth", Q.J.E, 1956, 65.-94.

多学者也在索洛模型的基础上不断扩展，共同掀起了"新古典经济增长理论"的新高潮。

（一）新引进的假设条件

索洛公开宣称他主要是为考察有保证的增长率，因此索洛模型接受了哈罗德假定中除固定比例之外的所有假定。1.索洛的理论假定只生产一种产品，该模型不需要包含任何独立的投资函数。单一商品被生产出来既可以用来作为生产者的投资也可以用来作为消费者的消费。2.索洛和哈罗德模型一样假定简单的比例储蓄函数0<s<1，通过这个假定，突出了索洛模型和哈罗德模型的差异。更加彻底的新古典方法根据偏好和终生预期收入来得出储蓄率的大小。3.假定资本存量不存在折旧，在索洛以后的模型中又加入了固定折旧率$\delta > 0$，但这并不影响本模型的结论。4.假定经济中的劳动力按照外生不变n增长，则$L(t) = e^{nt}$。5，假定该经济的技术以一个连续规模报酬不变的总体生产函数$Y = F(K, L)$，并具有以下特点：（1）F是一个递增的函数[1]，也就是说所有要素的边际产品都为正；（2）生产函数具有规模收益不变的特性[2]；（3）生产函数满足Inada条件[3]；（4）假定生产函数是一个拟凹函数[4]；（5）如果没有任何投入要素，则不能生产任何产品，即$F(0, L) = F(K, 0) = 0$。

（二）新古典经济增长的基本方程

哈罗德模型围绕按产出增长率定义的基本方程，而新古典经济增长模型则暗示具有新的不同含义。索洛假定要素之间可以相互替代和边际报酬递减，在不加入技术进步变量的前提下，新古典经济增长的基本方程能够标准写为：

$$\dot{k} = sf(k) - (n + \delta)k \tag{3.1}$$

这就是索洛最早论文中的方程表达形式。根据上述方程，我们知道储蓄

---

[1]　$\partial F / \partial K > 0$，$\partial F / \partial L > 0$，$\partial^2 F / \partial^2 K < 0$，$\partial^2 F / \partial^2 L < 0$。

[2]　$F(\lambda K, \lambda L) = \lambda F(K, L)$，此式对γ求微分，则有欧拉方程：$F(K, L) = \dfrac{\partial F}{\partial K} K + \dfrac{\partial F}{\partial L} L$。

[3]　$\underset{K \to 0}{Lim} F_K = \underset{L \to 0}{Lim} F_L = \infty$，$\underset{K \to \infty}{Lim} F_K = \underset{L \to \infty}{Lim} F_L = 0$。

[4]　即，对$\lambda \in [0, 1]$，(K_1, L_1)，(K_2, L_2)，有：$F[\lambda K_1 + (1 - \lambda K_2)]$，$\lambda L_1 + (1 - \lambda L_2) \geqslant \min[F(K_1, L_1), F(K_2, L_2)]$。

只不过是每个工人的储蓄，并且储蓄是可以自动变为投资的，因此，我们可以把它解释为分摊到每一位工人头上的投资流量。nk是在劳动力按照不变增长率的给定条件下，为保持资本劳动比不变所必须增加的投资量。资本劳动比是由每一位工人的储蓄与在劳动力增长是为保持资本劳动比不变所要求的差额量决定的。因此我们可以得到：此模型平衡增长的稳态解是存在的，不管模型所有变量的初始值是什么，都将趋向平衡增长的轨道，从而解决了哈罗德刀锋的难题，或许在动态经济学中这个过程需要的时间比较长，但对于新古典经济来说，长期远景只按照哈罗德的自然生产率也就是劳动力的增长率的平衡增长。一旦达到资本劳动比的稳态，产出和资本均按照增长率n增长，每一位工人的产出、每一位工人的所用资本、每一位工人的消费和每一位工人的储蓄都保持不变。经济增长率跟储蓄率无关。新古典增长模型的这个命题看起来是一种似乎荒谬的论点，似乎与政治决策者的常识相悖，为经济增长率的提高，要求更多的储蓄和投资。在储蓄率变化之前，资本和产出的增长率是外生劳动力增长率。尽管储蓄倾向提高，但是收入和资本存量的长期增长率仍是储蓄率提高之前的增长率。在这一运动过程中，产出和资本的增长率只是暂时地提高，从原有的平衡增长轨道移动到新的平衡增长轨道的过程中，每一位工人的产出和资本都会提高。这样在整个移动过程中，资本和产出的增长率必须大于劳动力的增长率，但是正如我们已经看到的那样，长期中他们必定恢复到增长率n上来。新古典经济增长模型的主要结论是操纵经济体的储蓄倾向和投资倾向，并不能获得产出和资本增长率的永久提高。长期经济增长率完全不受储蓄率的影响。

（三）对索洛模型的评价

索洛模型并不是一种最为成熟的新古典增长理论的表述，当然也不是从数学形式上最高级的增长模型[①]。但它却是论证了新古典主义对经济增长的大

---

① Solow, 1957, Technical Change and the Aggregate Production Function, R. Ec. Stat., PP.3 12-20.

多数看法，虽然这些一致看法也招致了一些批评。主要有，总量生产函数的总体资本是不是具有理论上的根本弱点，以至于所有基于此概念的分析全都无效。罗宾逊对此提出强烈的质疑和批评。在她看来此模型的易适应性假定只不过是在建造一个简单的工具而已，因为这可以避免现实经济活动中的各种困难。长期到底有多长？阿特金森对此进行评述，虽然我们会知道主要变量会随时间变化，但是我们几乎在任何场合都不会知道它们将会以多快的速度变化。新古典经济增长模型的比方忽略了所有主要凯恩斯主义见解，尤其是强调企业家的预期作为宏观经济决定力量的理论。许多经济学家对于在短期和中期的困难和长期乐观的尖锐矛盾感到十分不满。另外一些新古典经济学家也完全意识到把所有问题都归结到长期稳态这一结论的危险性。这意味着在新古典框架下，技术进步对经济长期的增长贡献率主要作用于人均收入和人均消费，而物质资本只能带来总量的提升，对人均收入和消费的增长效应非常有限。

二、罗默模型

随着内生经济增长理论的出现且被经济学家所接受，诸多经济学家开始分析思想创新和技术进步在经济增长中的作用，新古典经济增长理论开始转向内生增长领域。罗默[1]认为实物要素投入并不能完全解释经济增长。经过对大量经济增长数据的收集和分析，他发现知识本身能够带来规模效应，以此来解释长期经济增长。

（一）基本假定

罗默认为企业技术创新使得产出可以不受规模报酬递减的约束。他认为技术创新是企业投资的副产品，企业可以通过物质资本投入和提高工作熟练程度以及经验水平这两个途径更加有效生产以提高劳动生产率。

---

[1] Romer, Paul M. 1986: "Increasing Returns and Long-Run Growth, Journal of Political Economy", 94.

企业生产函数简写为：$Y_i = F(K_i, A_i L_i)$，其中，K_i 代表资本存量，L_i 代表劳动量投入，A_i 代表企业获得的知识指数[1]。

（二）基本方程

根据上述假设，企业i的最优目标函数为：

$\max\limits_{K,L} F(K_i, KL_i) - (r+\delta)K_i - wL_i$。根据均衡条件：$k(t) = m(t)$，可得：

$$\gamma_c = \dot{c}/c = (1-\theta)(\hat{f}(L) - L\hat{f}(L)' - \delta - \rho), \quad \dot{k} = \hat{f}(L)k - \delta k - c \qquad (3.2)$$

经过变化可以得出罗默基本方程：

$$\gamma_c = \gamma_k = 1/\theta(\hat{f}(L) - Lf(L)' - \delta - \rho) \qquad (3.3)$$

稳态经济增长率是由L和家庭消费偏好参数 ρ 和储蓄偏好 θ 决定的。

Romer（1990）[2]建立（R&D）、中间产品和最终产品的三部门增长模型，指出专业化人力资本能够促进经济长期增长。罗默假定随着社会上的发明和创意逐渐增多，发明新产品的成本会不断降低。他首次提出将产品种类结构作为变量应用于经济增长之中。他假定新产品的发明需要耗费一定量的单位劳动，他将中间产品看作一种含有无限寿命的耐用品，产品种类的增加一定程度上代表了技术变革增长率，从而提高了总产出和实际工资，进而增加了R&D的成本。如果L恒定不变，那么最终经济增长率将会趋于稳态，技术进步率在长期中同样趋于稳态。

三、卢卡斯人力资本模型

宇泽弘文（1965）运用两部门结构模型，假定劳动不仅投入物质生产部门产生产出，而且也可以投入教育部门使人力资本提高。因此他认为，人力资本可以促进经济长期持续增长，是经济增长的"内在发动机"。宇泽弘文模型为分析技术进步的内生化，并为再后来卢卡斯模型产生提供了思想来源。

---

[1] 陈润：《劳动分工、人力资本与收益递增——新经济增长理论的文献综述》，中国社会科学院研究生院硕士学位论文，2013 年 6 月。

[2] Romer, Paul M. 1990: "Endogenous Technological Chang, Journal of Political Economy", 98, s71–s102.

— 094 —

如果资本收益逐渐趋于恒定，那么不考虑外生技术进步，我们可以得到长期人均增长率，在AK模型中，如果将人力资本和物质资本都看作是资本，那么经济体不会出现收益递减的情况。假定物质资本和人力资本的生产方式和部门不同，即由不同的技术来生产，那么人力资本是教育部门的唯一投入。在这种分析框架之下，如果人力资本相对比较丰富，那么产出增长率就会出现非平衡性递增的现象，如果人力资本相对稀缺，那么产出增长率就会出现非平衡性递减情况。人力资本是一种竞争物品，一旦参与生产活动就不能同时被用于另一种经济活动。人力资本的出现可以缓解广义资本收益递减的约束，并因此能在缺乏外生技术进步的情况下，使得经济体内人均长期增长得到保证，可以说人力资本是技术进步的另一种替代方式。

（一）基本假定

卢卡斯（1988）[①]在宇泽弘文（1965）模型的基础之上分析了人力资本对经济增长的作用，他关注个人当期时间配置。卢卡斯对宇泽弘文的模型做出修正。第一是对宇泽弘文模型的时间配置作出修正。他假定个体决定时间配置，当期生产和未来人力资本积累的时间进行配置，以达到经济增长的内生化。第二是对宇泽弘文模型的技术进步方程做出修正。卢卡斯假定劳动是同质的，且劳动数量为 $L(t)$，每个劳动者投入 $u(t)$ 份额的劳动时间用于生产，$1-u(t)$ 份额进行人力资本生产，且每个劳动者的人力资本水平 $h(t)$ 是同质的。劳动者的人力资本具有外部性，人力资本是工人数量和人力资本之积，用 $h_a(t)$ 来表示。如果生产只决定于二者组合，那么工人数量和工人质量在生产中是完全可以相互替代的，因此劳动力数量不是导致规模收益低贱的根本原因，在劳动力固定的情况下，物质资本和工人质量的提高会导致产出的增加。假定产出可以用来消费，也可以进行物质和人力资本投资。总生产函数为：

---

① Lucas, R. E. 1988, "On the Mechanics of Economic Development", Journal of Economics, 22, 3–42.

$$Y = AK(t)^{\beta}[u(t)h(t)L(t)]^{1-\beta}h_a(t)^{\gamma}$$

其中，A 为技术水平，若 $\gamma>0$ 则，个人生产函数的规模报酬不变，社会生产函数以 γ 为参数规模报酬递增。若 $\gamma=0$，该模型同样具有内生增长。

因为：$\dot{h}(t) = h(t)\delta[1-u(t)]$，假定经济系统封闭，人口增长率外省不变，则家庭经济行为：

$$Max_{c(t),u(t)} \int_0^{\infty} e^{-\rho t}\left[\frac{c^{1-\sigma}-1}{1-\sigma}\right]L(t)dt$$

$$s.t: \dot{K}(t) = AK(t)^{\beta}[u(t)h(t)L(t)]^{1-\beta}h_a(t)^{\gamma} - cL(t)$$

$$\dot{h}(t) = h(t)\delta[1-u(t)]$$

（二）基本方程

对上述公式进行变换，可得汉密尔顿函数：

$$H = L(t)\frac{c^{1-\sigma}-1}{1-\sigma} + \lambda_1\{AK(t)^{\beta}[u(t)h(t)L(t)]^{1-\beta}h_a(t)^{\gamma} - cL(t)\} + \lambda_2 h(t)\delta[1-u(t)]$$

其中，λ_1 和 λ_2 分别为经济增长中物质资本和人力资本的影子价格。

对汉密尔顿函数求一阶条件可得：

$$c^{\sigma} = \lambda_1$$

$$\lambda_1(1-\beta)AK(t)^{\beta}[u(t)h(t)L(t)]^{-\beta}h_a(t)^{1+\gamma} = \lambda_2\delta h(t)$$

$$\dot{\lambda}_1 = \rho\lambda_1 - \lambda_1\beta AK(t)^{\beta-1}[u(t)h(t)L(t)]^{1-\beta}h_a(t)^{\gamma}$$

$$\dot{\lambda}_2 = \rho\lambda_2 - \lambda_1(1-\beta)AK(t)^{\beta}[u(t)L(t)]^{1-\beta}h^{-\beta}h_a(t)^{\gamma} - \lambda_2\delta(1-u)$$

横截条件：$\lim_{t\to\infty}e^{-\rho t}\lambda_1 K(t) = \lim_{t\to\infty}e^{-\rho t}\lambda_2 h(t) = 0$

当 $h(t)$ 与 $h_a(t)$ 趋于一致时，经济体处于长期经济增长稳态均衡，此时经济体的人均资本和人均消费的增长率为：

$$\gamma_k = \gamma_c = (1-\beta+\gamma)(\delta-\rho+\lambda)/(\sigma-\sigma\beta+\sigma\gamma-\gamma) \tag{3.4}$$

从公式3.4我们可以看出，稳态增长率受生产函数参数 β、γ 以及消费偏好参数 ρ 和储蓄偏好参数 σ 影响。边际增长率等于稳态比率，在稳态值的两边，产出增长率随着物质资本和人力资本之比与其稳态值之间的距离递增。在卢卡斯模型中，物质资本的缺乏对经济增长率的影响小于人力资本对经济增长的影响，在现实中，人力资本的作用没有像卢卡斯模型中描述的那么大。关于投资的调整成本的一个意义是，我们可以通过资本积累的调整成本来扩展卢卡斯模型，使得物质资本与人力资本之比高于或低于稳态值时，对经济增长率有不对称的影响。另外一个意义便是当物质资本与人力资本之比不等于稳态值时，对两种资本的总投资都表现为正。如果各种资本的收益率在地投资率时很高，在高投资率时很低，那么该结论就会成立。当$\gamma=0$，即不存在外部性时，该模型仍可以使经济增长内生化。我们必须假定投资是可逆的，也就是说物质资本和人力资本二者可以相互转化，在现实中这并不常见，卢卡斯模型是关于把人力资本内生化的典型经济增长模型。

卢卡斯模型在一定程度上没有考虑技术进步对于经济增长的影响，另外公式$\dot{h}(t)=h(t)\delta\left[1-u(t)\right]$的假设太过严格。由于教育严重依赖受过教育的人作为投入，因此我们可以通过卢卡斯两部门模型来实现。宇泽弘文-卢卡斯模型对研究物资资本和人力资本之间的非平衡效应提供了新观点，卢卡斯两部门模型与单部门模型中的结论有很大差异。在单部门模型中物质资本或人力资本过多都会导致产出和消费的增长。导致这种差异的原因是由于教育部门人力资本相对密集的假设条件。如果人力资本相对稀缺，那么商品部门中的人力资本边际产出更高，由于人力资本的高增长率，长期增长才会显现。这意味着高工资率，因而教育部门的运营成本则会更高，简言之，这种效应驱使人们将人力资本用于商品生产而非生产相对稀缺人力资本要素的教育部门。由此我们可以往纵深推论，若假定教育部门没有物质资本投入，卢卡斯模型的基本结论物质资本和人力资本之间的非均衡影响仍然有可能是成立的。

Romer（1990）建立R&D、中间产品和最终产品三部门的增长模型，说明了技术进步的溢出效应被追加到企业的投入要素上[①]。Mankiw（1992）将人力资本作为一种投入要素引入新古典增长模型，对Solow模型进行扩展，来解释人力资本对人均收入的影响。Edmund Cannon（2000）等经济学家进一步的研究发现卢卡斯模型对发达国家的人力资本与经济增长的关系方面做出了比较

---

① Romer, Paul M. 1990: "Endogenous Technological Chang", Journal of Political Economy, 98, 71–102.

好的解释，而尼尔森模型对发展中国家人力资本与经济增长的关系方面做出了比较好的解释。宋家乐（2011）用中国1952—2009年的数据在控制追赶效应的前提下，实证检验了中国人力资本水平的上升促进了劳动生产率的提高。Manuelli and Seshadri（2014）从人力资本质量角度探究国家发展水平存在差异的原因，通过考察测算结果和人均产出的关系，发现人力资本质量差异进一步加强了国家发展水平差异，进一步支持了资本积累影响发展程度的观点[①]。

第二节　人力资本与经济增长实证分析

　　根据以上理论模型和实证文献的分析，采用此扩展的索洛模型对改革开放之后至今经济增长情况进行分析。根据本书第三部分通过收入法、支出法和教育成果法对我国人力资本存量的测算结果，结合中国现实情况，构建适合中国的人力资本测算模型并得出的估算结果，以考察使用不同的人力资本指标对模型结果的影响分析，通过实证分析解释其在我国经济增长中的作用，探讨中国人力资本数据差异及其原因。模型将选择与不同人力资本指标时间序列相适应的国内产出、物质资本存量和劳动等变量。考虑到数据可得性的约束，人力资本H1（收入法测算结果）估计样本期取为1978—2015年，人力资本H2（成本法测算结果）估计样本期取为1980—2015年，人力资本H3（教育成果法测算结果）估计样本期取为1990—2015年。

一、变量和数据

（一）产出和劳动指标选定和数据

　　索洛模型中总量生产函数的被解释变量产出选定为GDP，根据《中国

---

① 陈润：《经济赶超中的人力资本因素——基于国际经验比较》，《云南财经大学学报》，2017年第1期，第48-54页。

统计年鉴》选定1978—2015年间我国GDP数据。首先选取1978年为基期，得出以1978年不变价格的实际GDP，即每年名义GDP/累计价格指数（1978年=100），然后求出1990年平减指数，将其换算为1990年不变价计算的实际GDP。

经济增长中的劳动投入一般可以选取经济活动人口、标准劳动时间以及从业人数等。从理论上讲社会一般熟练程度和标准劳动强度下的劳动时间最能够精确衡量劳动，但在实际中此指标非常难以计算。由于经济活动人口中包含着大量非市场劳动，同时也忽略了失业率的影响，因此在精确度上也难以达到期望。而从业人数虽然忽略了流动人口数据的扰动，但对估计结果一般造不成重大影响。因此本书将劳动变量选取为从业人口。从业人数的数据可以从历年《中国统计年鉴》中获取。

（二）物质资本的确定

在一个国家经济活动和生产过程中起作用的资本，并不仅仅包括计算期内新增的投资，而且还包括上一期和更早时期就已经在发挥作用的资本。也就是说，某一时点一个经济体中参与生产的资本要素，指的是该国的资本存量。资本存量K才是进入生产函数的生产要素之一。所以，一个国家的资本存量对于从总量上研究该国的产出水平和增长实力具有重要的理论意义。资本存量数据还被广泛应用于全要素生产率的测量。然而，中国的资本存量数据并没有被官方所公布，因此需要通过各种方法进行估算。以下首先介绍资本存量估算的永续盘存法，然后综述国内学者对中国资本存量的研究。

1.计算方法

历史上，经济学家曾经使用多种方法对一国全部固定资本存量进行测量，如对企业资产的账面价值进行直接调查，查询监管部门商业记录或通过固定资本形成总额、价格指数和折旧率数据进行估算等。美国经济学家西蒙·库兹涅兹是资本存量测算领域的先驱人物。目前，国际上流行的测算一国经济内固定资本存量大小的方法是永续盘存法，该方法被广泛应用于OECD国家固定资本存量的测算中，并得到ESA95欧洲账目体系的推广。永续盘存法计算固定资本存量有着许多方法和技术上的优势。第一，永续盘存法根据资本随时间积累过程进行资本存量的测算，符合实体经济运行的基本规律。第二，永续盘存法所需的数据资料相对较为充足，有较高的可得性。第三，初始年份选择较为灵活，可以根据统计资料的丰富程度，选择数据可得性高的年份作为测算的基期。最后，永续盘存法计算出的资本存量序列具有年度之间的可比性。根据永续盘存法，总资本存量表示为尚在使用年限中的过去所有年份固定资本形成总额的加总。在理想情况下，假设一项固定资产在它的使用年限中不存在折旧，而在期末统一处理。

资本存量包含生产性资本存量和资本存量财富，大部分研究都采用永续盘存法来估算，不考虑价格水平因素，具体公式如下：

$$K_t = I_t + (1 - \delta_t) K_{t-1} \tag{3.5}$$

其中，K_t，I_t，δ_t 和 K_{t-1} 分别为第 t 期实际资本存量，第 t 期投资增量，第 t 期资本折旧率和第 $t-1$ 期实际资本存量。根据此公式可以看出要测算第 t 期实际资本存量需要初始资本存量，投资量和折旧率。李宾（2011）认为初始资本存量对第 t 期实际资本存量影响较小，而折旧率对其影响较大。若想更加准确地测算我国资本存量，关键在于确定初始资本存量和折旧率。

2.基期的确定

根据研究目的的不同，不同学者在研究中所选定的基期年份不同，但一般选择1952年或1978年。将1952年定为初始年份，一是能够获得更多的样本数据，时间序列的长度也较为可观，能为相关的研究带来一定的便利；二是基期选定得越早，对后续资本存量数列的影响也就越小，从而使资本存量的估计更为可信。但是，基期年份的选定也要根据研究的具体目的而权衡决定。学者通过各自的方法对初始年份的固定资本存量进行了估算。由于所用方法不同，估算得到的基期资本存量结果存在较大的差异。

表3-1　有关学者测算的我国资本存量和资本产出比

相关学者	1978年资本存量（亿元）（1978年价）	资本产出比
贺菊煌（1992）	8617.87	2.36
Chow（1993）	10929.04	3.00
张军、章元（2003）	12485.58	3.43
郭庆旺、贾俊雪（2004）	3837.00	1.05
单豪杰（2008）	5847.89	1.60
黄梅波（2010）	7468.28	2.05
古明明等（2012）	10131.13	2.78
均值	8473.83	2.32

相关文献大多数都将1952年作为初始时期，将1978年作为初始期的文献较少。郭庆旺等（2004）通过计算得出我国1978年全民所有制企业固定资产净值为2225.7亿元，占当年GDP的58%，推算出我国固定资产净值为3837亿元（1978年价格）。贺菊煌（1992）将资本二分为生产性和非生产性，通过迭代法计算出了1964年中国全社会资本存量，并据此计算得到按1990年价计1952年的资本存量为946亿元，按照贺菊煌的计算结果，我们可以推算出我国1978年生产性资本为8617亿元（1978年价格）。Chow（1993）测算了我国1952—1985年间的资本存量，他将基期设定为1952年，使用1952—1985年国有企业、集体所有制企业和个人固定资产数据按一定方法折算得出以1952年价格计1952年全社会固定资本存量为1030亿元以上，其中包括了非农部门资本存量582.67亿元，农业资本存量450亿元。对邹至庄的计算结果通过价格换算可以得到1978年我国资本存量为14112亿元（1978年价格）。张军等（2003）测算了我国1978年的固定资本存量为12485亿元（1978年价格）。单豪杰（2008）测算出我国1952—2006年间的资本存量，通过价格换算可以得出1978年为5848亿元。黄梅波等（2010）测算出我国1952—2008年的资本存量，通过价格换算可得1978年我国资本存量为7468亿元。由于不同文献的初始期资本存量不同，因此诸多学者在测算1978年的资本存量时得到的结果之间差异较大。但这种差距在逐渐缩小，如不同文献的我国资本存量在1952年为初始期最大

可相差5倍，但1978年投资流量下的资本存量已缩小至一倍以内。在我国资本存量1978年的诸多测算结果中，张军得出的数值最大，郭庆旺得出的数值最小。目前我国折旧率的确定主要采用统计方法，很少学者利用计量方法来估算。陈昌兵（2014）采用生产函数估计了我国可变和不变的折旧率，并对资本存量做出了新的测算。

3.折旧率的设定

资本存量测算中的折旧率概念并非普通会计意义上的折旧率。后者是指固定资产折旧损耗的价值与该项固定资产原始价值的比值，测算的是固定资本随着服役时间的推移本身所含价值的减少，是价格的概念。而资本存量测算需要使用的折旧率则是指重置率，它测算固定资产生产效率的下降程度，或在生产过程中所能提供的生产性服务的减少，用以计量一项固定资产在生产过程中的损耗情况，是数量的概念。任若恩、刘晓生（1997）认为，只有当资本的生产效率呈现几何递减时，会计折旧率才与资本重置率相等。宏观经济学和经济增长理论中所讨论的是一个国家提供产出的能力和增长潜力，所涉及的资本存量是生产性资本存量，因此需要使用资本重置率数据。目前官方并没有给出这种意义下的固定资产折旧数据，因而，为了计算中国资本存量，需要对固定资产折旧率做出一定的假设，或通过各种方法加以估算，目前主要有两类做法。对于折旧率的取值，存在着不同的做法，但大致可分为5%和10%两类。王小鲁（2000）中将折旧率取值为5%；卜永祥、靳炎（2002）同样将折旧率取值为5%，类似的取值5%的研究还有郭庆旺和贾俊雪（2004）。另一部分研究则偏向于将折旧率设置为10%左右：张军等（2004）将中国固定资本折旧率设为9.6%；单豪杰（2008）则将其设置为10.96%；雷辉（2009）将折旧率设定为9.73%，钱雪亚（2009）将其取为12.5%。以上对折旧率的各种赋值是通过在固定资本效率几何递减模式假设下对不同种类固定资产的寿命、残值和折旧率进行一系列折算得到的。这种处理方法得到的折旧率数据的可靠性受到了部分学者的质疑。如叶宗裕（2010）认为折旧率应当随着时间的推移而逐渐提高。在对建筑安装工程类和机器设备类固定资产权重和折旧率增长率做出假设计算得出1952—2008年折旧率序列，波动范围8.82%～11.16%。

较为科学的方法则是从生产函数出发建立可变折旧率模型，然后通过计量经济学方法进行参数估计从而得到折旧率的时间序列。比较有代表性的研究有陈昌兵（2014），他从生产函数出发建立了固定不变的资本折旧率模型，并在此基础上将固定不变折旧率修正为可变折旧率，然后根据虚拟变量的取值范围，提出了4种可变资本折旧率模型[①]。通过使用极大似然估计和非线性估计方法对4种可变折旧率模型进行了估计。估计结果显示，模型1得到的固定不变折旧率为5.65%，模型2在模型1的基础上增加了虚拟变量，得到1979—1992年的折旧率为5.8303%，1993—2012年为5.4736%。模型3在模型1基础上考虑了折旧率的增长率影响，得到1979—2012年折旧率均值为5.8103%。模型4在模型2、模型3基础上得到的折旧率均值为5.6306%；蒙特卡罗实验的结果表明4种折旧率估计都是无偏可信的。

假设固定资本效率衰减遵循几何型衰减，在此基础上将固定资本折旧率固定为常数，虽然在估算固定资本存量时具有一定的便利性，但在很大程度上并不符合特定历史阶段中国资本形成与固定资本结构的经验事实，因而表现出较大的主观性和随意性。相比之下，提出折旧率决定的理论模型，并以不同年代中国固定资本结构的变化特点为佐证进而对理论模型进行估计，所得到的折旧率数据更加贴近现实，从而为下一步的资本存量估算奠定了良好的基础。本书采用陈昌兵（2014）对我国资本存量的测算数据，劳动力弹性系数为0.4左右，固定不变折旧率为5.65%下的我国资本存量。根据测算结果，我们可以看到，自改革开放开始，我国物质资本存量增长速度相对较为稳定，每年增速均为正数，其中最高增速年份为2009年的15.47%，一个可以解释的原因是全球金融危机对中国的影响，中国政府采取大规模的刺激政策；最低年份增速为1989年的7.42%，一个可以解释的原因是20世纪80年代末期，我国

---

① 陈昌兵：《可变折旧率估计及资本存量测算》，《经济研究》，2014年第12期。

政治经历动荡，消费价格指数同样出现大幅波动，此原因与本书第二章根据收入法测算的人力资本在相同时期出现大幅波动类似。

表3-2　我国资本存量及增长率

年份	物质资本存量（亿元）	资本产出比	增长率（%）
1978	14331	—	—
1979	15656	1.8	9.25
1980	17148	1.89	9.53
1981	18512	1.94	7.95
1982	20025	1.97	8.17
1983	21756	1.95	8.64
1984	23955	1.82	10.11
1985	26582	1.77	10.97
1986	29475	1.83	10.88
1987	32864	1.87	11.5
1988	36518	1.98	11.12
1989	39229	2.21	7.42
1990	41842	2.22	6.66
1991	45023	2.12	7.6
1992	49225	1.99	9.33
1993	54773	1.94	11.27
1994	61491	1.98	12.27
1995	69196	2.07	12.53
1996	77663	2.15	12.24
1997	86416	2.21	11.27
1998	96020	2.28	11.11
1999	106137	2.34	10.54
2000	117185	2.34	10.41
2001	129501	2.36	10.51
2002	144025	2.37	11.22
2003	162087	2.39	12.54
2004	183132	2.38	12.98

续表

年份	物质资本存量（亿元）	资本产出比	增长率（%）
2005	206674	2.37	12.86
2006	234555	2.33	13.49
2007	266301	2.25	13.53
2008	302169	2.28	13.47
2009	348927	2.4	15.47
2010	401411	2.41	15.04
2011	458325	2.45	14.18
2012	520659	2.58	13.6
2013	593774.4	2.74	14.04
2014	676544.1	2.95	13.94
2015	770152.9	3.18	13.84

资料来源：通过历年《中国统计年鉴》数据计算得出

二、模型及回归结果分析

（一）索洛扩展模型及回归结果

为考察不同测算方法下的人力资本测算结果指标对经济增长分析结论之间的不同，本书通过把不同测算方法下的人力资本结果引入索洛模型并对其进行扩展。变量数据中以我国实际GDP产出指标Y，根据陈昌兵（2014）方法[①]得出的物质资本存量K，以就业人数作为劳动指标L，针对本书根据不同方法测算的人力资本数据进行分析。

本书将人力资本作为一个变量引入索洛模型，采用柯布道格拉斯生产函数，并设定生产规模收益不变，即$\alpha + \beta + \gamma = 1$，因此扩展的生产函数可以变换为：

$$Y = AK^{\alpha}H^{\beta}L^{\gamma} \tag{3.6}$$

---

① 陈昌兵：《可变折旧率估计及资本存量测算》，《经济研究》，2014年第12期。

其中，Y 为产出，A 为既定的技术水平，K 物质资本存量、H 为人力资本存量，L 为劳动。对生产函数对数并加入随机误差项方程可转化为：

$$\ln Y_t = c + \alpha \ln K_t + \beta \ln H_t + \gamma \ln L_t + \mu_t \qquad (3.7)$$

通过模型计量回归结果可以看到，模型显著性检验和拟合优度都拒绝原假设，但各人力资本指标的参数之间有明显差异。通过对模型中 3 种指标的残差的 ARCH 检验和 White 检验分析，此模型中分别对应 3 种人力资本指标均不存在异方差，同样也拒绝自相关。此三个模型中 K、H 和 L 的产出弹性都大于 0，与实际情况相符，模型的拟合均比较好。模型 1 中物质资本 K，根据收入法得出的人力资本存量 $H1$，以及劳动 L 的参数估计结果都比较显著。模型 2 中物质资本 K 估计结果非常显著，根据成本法得出的人力资本存量 $H2$ 结果不太显著，此模型中物质资本 K 对我国经济增长的贡献率远高于人力资本的作用，此模型中劳动变量 L 的参数估计结果同样比较显著。模型 3 中物质资本 K 估计结果非常显著，根据受教育年限得出的人力资本存量 $H3$ 结果非常显著，但劳动 L 的参数估计结果为负数且不显著，说明此模型忽视了劳动的作用，一个解释原因是受教育年限代表的人力资本 $H3$ 在模型中起的作用较大，由此对劳动 L 造成一定程度的影响。回归结果总体分析是模型 1 优于模型 2 优于模型 3。

表3-3　不同人力资本指标的生产函数模型及回归结果

变量	模型1	模型2	模型3
log（K）	0.719*** （11.32）	0.732*** （8.55）	0.696*** （15.67）
log（H）	0.213* （2.48）	0.131 （1.75）	0.396*** （4.38）
log（L）	0.068* （2.61）	0.137*** （9.63）	−0.092 （−1.87）
AR（1）	1.440*** （10.96）	1.371*** （10.02）	1.186*** （7.49）
AR（2）	−0.807*** （−6.06）	−0.748*** （−5.72）	−0.638*** （−5.21）
C	−0.588*** （−9.23）	0.030 （1.19）	−0.161 （−1.19）

续表

变量	模型1	模型2	模型3
adjR2	0.99	0.99	0.99
DW	1.80	1.86	1.74

注：括号内为t统计值*表示$p<0.05$，**表示$p<0.01$，***表示$p<0.001$

表3-4 模型1的异方差检验

检验方法	检验格式	统计量	p
ARCH1	F-statistic	0.039	0.845
	Obs*R-squared	0.041	0.840
White1	F-statistic	0.479	0.920
	Obs*R-squared	8.711	0.849
	Scaled explained SS	7.194	0.927

表3-5 模型2异方差检验

检验方法	检验格式	统计量	p
ARCH2	F-statistic	0.00008	0.993
	Obs*R-squared	0.00009	0.993
White2	F-statistic	2	0.145
	Obs*R-squared	20	0.177
	Scaled explained SS	20	0.104

表3-6 模型3异方差检验

检验方法	检验格式	统计量	p
ARCH3	F-statistic	0.002	0.965
	Obs*R-squared	0.002	0.963
White3	F-statistic	1.16	0.423
	Obs*R-squared	15.444	0.349
	Scaled explained SS	8.444	0.865

Sample: 1980 2015
Included observations: 36
Q-statistic probabilities adjusted for 2 ARMA term(s)

Autocorrelation	Partial Correlation		AC	PAC	Q-Stat	Prob
		1	-0.001	-0.001	4.E-05	
		2	-0.104	-0.104	0.4349	
		3	0.217	0.219	2.3860	0.122
		4	-0.186	-0.214	3.8699	0.144
		5	-0.310	-0.275	8.1133	0.044
		6	0.070	-0.001	8.3339	0.080
		7	-0.085	-0.068	8.6768	0.123
		8	-0.197	-0.132	10.575	0.102
		9	0.045	-0.109	10.676	0.153
		10	-0.091	-0.203	11.112	0.195
		11	-0.044	-0.021	11.218	0.261
		12	0.012	-0.154	11.225	0.340
		13	0.077	-0.004	11.582	0.396
		14	0.132	0.059	12.668	0.394
		15	0.032	-0.081	12.735	0.468
		16	0.011	-0.068	12.743	0.547

图3-1 模型1的自相关检验图

Sample: 1982 2015
Included observations: 34
Q-statistic probabilities adjusted for 2 ARMA term(s)

Autocorrelation	Partial Correlation		AC	PAC	Q-Stat	Prob
		1	0.013	0.013	0.0063	
		2	-0.279	-0.279	2.9849	
		3	0.265	0.297	5.7581	0.016
		4	-0.080	-0.226	6.0212	0.049
		5	-0.275	-0.098	9.2246	0.026
		6	0.002	-0.148	9.2247	0.056
		7	0.020	-0.001	9.2435	0.100
		8	-0.235	-0.244	11.845	0.066
		9	-0.134	-0.152	12.727	0.079
		10	0.047	-0.163	12.838	0.118
		11	-0.106	-0.172	13.431	0.144
		12	0.028	-0.019	13.474	0.198
		13	0.177	-0.051	15.298	0.169
		14	0.078	0.037	15.671	0.207
		15	0.031	-0.060	15.732	0.264
		16	0.100	0.027	16.418	0.289

图3-2 模型2的自相关检验图

Sample: 1992 2015
Included observations: 24
Q-statistic probabilities adjusted for 2 ARMA term(s)

Autocorrelation	Partial Correlation		AC	PAC	Q-Stat	Prob
		1	0.028	0.028	0.0206	
		2	-0.212	-0.213	1.2980	
		3	0.233	0.258	2.9077	0.088
		4	-0.146	-0.248	3.5740	0.167
		5	-0.201	-0.058	4.9057	0.179
		6	-0.050	-0.205	4.9910	0.288
		7	0.100	0.197	5.3553	0.374
		8	-0.166	-0.307	6.4295	0.377
		9	-0.185	-0.039	7.8602	0.345
		10	0.266	0.072	11.008	0.201
		11	0.101	0.164	11.502	0.243
		12	-0.163	-0.177	12.881	0.230

图3-3 模型3的自相关检验图

由上表3-3至表3-6可知，模型1和模型2（人力资本H1和H2分别为收入法和成本法计算的货币价值计量人力资本）能更好反映各生产要素在经济增长中的作用。其中模型1中物质资本K，人力资本H1和劳动L等生产要素相对应的产出弹性分别为0.719，0.231和0.068，因为模型把人力资本从劳动中分离出来，因此造成劳动L的产出弹性较低。模型2中物质资本K，人力资本H2和劳动L等生产要素相对应的产出弹性分别为0.732，0.131，和0.137，模型2和模型1估计的物质资本、人力资本和劳动的产出弹性相差并不大。模型3（人力资本H3为教育年限）中物质资本K，人力资本H3和劳动L等生产要素相对应的产出弹性分别为0.696，0.396和-0.092，模型3劳动的产出弹性出现负值情况，说明此模型忽视了劳动的作用，一个解释原因是受教育年限代表的人力资本H3在模型中起的作用较大，从而忽视了劳动的作用，二者合计的产出弹性为0.304。由以上数据可知，在模型中物质资本的产出弹性差别不大，介于0.7～0.75之间，另一个特点是劳动L的产出弹性较低，其在经济增长中发挥的作用比较有限。另外由于此3个模型均设置要素的产出弹性之和为1，即不存在规模报酬不变，从而没有考虑要素的溢出效应。

根据物质资本K，人力资本H3和劳动L等生产要素相对应的产出弹性可以计算出相应要素对经济增长的贡献和增长贡献率，表3-7给出了三个时间段的增长贡献和贡献率。

表3-7　模型1变量增长率及要素贡献和贡献率

时间	增长率（%）				要素贡献（%）			要素贡献率（%）				
	Y	K	$H1$	L	K	$H1$	L	K	$H1$	L	要素合计	A
1978—2015年	9.67	11.37	9.17	1.79	7.17	2.12	0.12	74.18	21.89	1.26	97.33	2.67
1978—1990年	6.66	8.54	7.72	3.88	5.14	1.78	0.26	77.17	26.78	3.96	107.91	-7.91
1991—2000年	8.92	10.04	7.14	0.96	6.22	1.65	0.07	69.71	18.50	0.73	88.94	11.06
2000—2015年	10.41	12.62	9.31	0.41	8.07	2.15	0.03	77.59	20.67	0.27	98.53	1.47

注：要素贡献为各要素产出弹性乘以其增长率

根据物质资本、人力资本和劳动等生产要素的增长率和产出弹性可以计算出各生产要素的产出贡献和对经济增长的贡献率。模型1在整个样本期1978—2015年间物质资本K、人力资本$H1$和劳动L的产出贡献分别为71.7%、21.2%和1.3%，对经济增长的贡献率分别为74.18%、21.89%和1.26%，物质资本和人力资本合计的要素贡献率为96.07%，全要素生产率年均贡献率为2.67%。值得一提的是，模型1中劳动L对我国经济增长的贡献率较低，"人口红利"的作用似乎比较有限。模型1中各生产要素K、$H1$和L在三个分时期中的要素增长贡献率分别处于70%、20%和5%以下，波动并不太大。

表3-8　模型2变量增长率及要素贡献和贡献率

时间	增长率（%）				要素贡献（%）			要素贡献率（%）				
	Y	K	$H2$	L	K	$H2$	L	K	$H2$	L	要素合计	A
1980—2015年	9.84	11.48	11.53	1.74	7.41	1.51	0.24	75.24	15.34	2.42	93.00	7.00
1980—1990年	7.61	9.33	7.59	4.33	5.83	0.99	0.59	76.63	13.07	7.81	97.51	2.49
1991—2000年	8.92	10.04	11.31	0.96	6.35	1.48	0.13	71.17	16.60	1.48	89.26	10.74
2001—2015年	10.41	12.62	12.48	0.41	8.24	1.63	0.06	79.17	15.71	0.55	95.42	4.58

注：要素贡献为各要素产出弹性乘以其增长率，要素增长贡献率为要素贡献除以产出增长率

模型2在整个样本期1980—2015年间物质资本K、人力资本$H2$和劳动L的产出贡献分别为7.41%、1.51%和0.24%，对经济增长的贡献率分别为75.24%、15.34%和2.42%，物质资本和人力资本合计的要素贡献率为90.58%，全要素生产率年均贡献率为2.67%。模型2中各生产要素K和$H2$在三个分时期中的要素增长贡献率分别处于70%和20%之间，波动并不太大。但劳动增长贡献率对出现明显下降，在1980—1990年间贡献率为7.81%，到2000—2015年间则下降至0.55%，反映了作用有限的"人口红利"逐渐消失的情况。

表3-9　模型3变量增长率及要素贡献和贡献率

时间	增长率（%）			要素贡献（%）			要素贡献率（%）				
	Y	K	$H3$	L	K	$H3$	L	K	$H3$	L	要素合计	A
1990—2015年	10.75	12.36	4.43	0.72	7.60	1.76	-0.07	70.70	14.21	-1.49	83.42	16.58
1991—2000年	8.92	10.04	2.29	0.96	5.99	0.91	-0.09	67.12	9.02	-3.88	72.26	27.74
2001—2015年	10.41	12.62	6.05	0.41	7.78	2.39	-0.04	74.80	18.97	-0.63	93.14	6.86

注：要素贡献为各要素产出弹性乘以其增长率，要素增长贡献率为要素贡献除以产出增长率

　　模型3在整个样本期1990—2015年间物质资本K、人力资本$H3$和劳动L的产出贡献分别为7.60%、1.76%和-0.07%，对经济增长的贡献率分别为70.7%、14.21%和-1.49%，物质资本和人力资本合计的要素贡献率为84.91%，全要素生产率年均贡献率为16.58%。模型3中各生产要素K和$H3$在三个分时期中的要素增长贡献率分别处于65%～75%和9%～19%之间，波动并不太大。但劳动增长贡献率则同样为个位负数。

　　此三个模型中全要素生产率因人力资本指标数据的不同表现各异，但对于相同的时期表现出一致性，三个模型中全要素生产率都是表现出从低到高再下降的"倒U形"变动趋势，在改革开放至20世纪90年代初的全要素生产率最低，在1991—2000年间最大，其中模型1为11.06%，模型2为10.74%，模型3为27.74%，在2001—2015年间又开始回落。

　　对比我国其他学者对我国经济增长的文献的源泉进行过探讨，孙琳琳和任若恩（2005）估计了1981年至2002年物质资本投入对中国经济增长的贡献率为49%，劳动为16%，TFP为35%。郑京海、胡鞍钢和Arne Bigsten（2008）利用平均受教育年限来调整劳动力质量，得到1978—1995年期间，TFP对经济增长的贡献率37%，1995—2005年为19%。张军和施少华（2003）估计了1979—1998年TFP的贡献率为28.9%。与这些学者相比，本书测算的TFP对经

济增长贡献率相对较低，一个解释的原因是在本模型中物质资本的贡献率太高，由于本书测算的人力资本在某些年份波动较大，因此可能对物质资本存在高估的情况。

（二）误差修正模型及回归结果

为解释我国经济增长中各变量的长期和短期特征，本书假定人均物质资本 k、人均人力资本 h（$h1$ 和 $h2$ 分别为本书第三章中通过收入法和支出法计算的人均人力资本）对经济增长有显著正相关关系，人力资本和物质资本是经济增长的 Granger 原因，通过建立误差修正模型，对我国经济增长各要素进行分析。

首先，建立误差修正模型（ECM）。模型中包含人均GDP（y）、人均人力资本存量（k）、人均资本存量（h），在其中加入各自变量的GDP一阶滞后：

基础模型为：

$$\ln y_t = \alpha_0 + \alpha_1 \ln y_{t-1} + \alpha_2 \ln k_t + \alpha_3 \ln h_t + \varepsilon_t \tag{3.8}$$

两边同时减 y_{t-1}：

$$\ln y_t - \ln y_{t-1} = \alpha_0 + \alpha_1 \ln y_{t-1} + \alpha_2 \ln k_t + \alpha_3 \ln h_t + \varepsilon_t - \ln y_{t-1}$$

左边加减项之后得到：

$$\Delta \ln y_t = \alpha_0 + (\alpha_1 - 1)\ln y_{t-1} + \alpha_2 \Delta \ln k_t + \alpha_3 \Delta \ln l_t + \varepsilon_t + \alpha_2 \ln k_{t-1} + \alpha_3 \ln h_{t-1}$$

进一步改写上式为：

$$\Delta \ln y_t = \alpha_0 + \alpha_2 \Delta \ln k_t + \alpha_3 \Delta \ln h_t + (\alpha_1 - 1)\left[\ln y_{t-1} - \frac{\alpha_2}{1-\alpha_1} \ln k_{t-1} - \frac{\alpha_3}{1-\alpha_1} \ln h_{t-1} \right] + \varepsilon_t$$

α_2、α_3 为人均资本量与人均人力资本量调整对人均GDP调整带来的影响，捕捉了自变量短期变化对因变量对影响，$\dfrac{\alpha_2}{1-\alpha_1}$、$\dfrac{\alpha_3}{1-\alpha_1}$ 捕捉了长期内自变量对人均GDP的影响，残差为 $\varepsilon_t \sim N(0, \sigma^2)$。$(\alpha_1 - 1)$ 捕捉了短期变化与长期误差修正项之间敏感度。

表3-10　误差修正模型（ECM）回归结果

	y	logy	y	logy
$D(k)$	0.644* （2.32）	1.923*** （3.19）	0.185 （0.36）	2.033** （3.51）
$D(h1)$	−0.002 （−0.17）	0.177 （2.04）		
$D(h2)$			2.593* （2.13）	0.209** （3.41）
$Y(-1)$	0.126 （1.19）	−0.435 （−1.66）	0.242*** （3.97）	−0.718** （−4.00）
$K(-1)$	−0.240** （−4.54）	0.124 （0.52）	−0.110* （−2.20）	0.159 （1.20）
$H1(-1)$	0.048** （4.47）	0.304*** （3.73）		
$H2(-1)$			0.307 （0.29）	0.378*** （6.17）
C	−315.259** （−3.18）	−0.862* （−2.08）	15.898 （0.23）	2.211*** （4.46）
$AR(1)$	0.590* （2.42）	0.749** （3.22）		0.873*** （2.18）
$AR(2)$	−0.485* （−2.36）			
adj_R2	0.911	0.615	0.845	0.701
DW	1.725	1.361	1.574	1.582

注：括号内为t统计值*表示$p<0.05$，**表示$p<0.01$，***表示$p<0.001$

表3-11　2阶自相关的Breusch-Godfrey　LM检验

模型	LM值	p值
h1	0.255	0.163
logh1	0.148	0.093
h2	0.139	0.092
logh2	0.262	0.177

表3-12　异方差检验结果

检验方法	检验对象	h1	logh1	h2	logh2
Breusch-Pagan-Godfrey	F	0.201	0.661	0.000	0.207
	Obs*R2	0.190	0.618	0.002	0.194
	Scaled explained SS	0.258	0.901	0.000	0.579
Glejser	F	0.172	0.177	0.001	0.045
	Obs*R2	0.165	0.267	0.056	0.054
	Scaled explained SS	0.280	0.980	0.011	0.158

估计结果：从调整的$R2$和F计量来判断，模型整体拟合得比较好，DW的各项值以及LM检验结果也同样表明残差项不存在自相关。通过模型残差的单位根检验结果可以看到，残差的原序列是平稳的。通过异方差检验结果可以看出模型不存在异方差。

由以上回归结果可以看出各变量参数基本上都显著，且系数符号符合预期。模型1和模型2表明物质资本存量和人力资本对经济增长都有正向作用，且人力资本要素的长期效应大于其短期效应，而物质资本正好相反，对经济增长的短期拉动作用远远高于其长期效应。人力资本的滞后变量的系数显著为正（$h1$的滞后变量系数为0.304，通过1‰显著性水平检验；$h2$的滞后变量系数为0.378（同样通过1‰显著性水平检验），表明通过收入法测算的我国人力资本指标$h1$在短期内具有较为明显的惯性。另外值得注意的是，在本误差修正模型中，各变量都是采用人均值，因此没有估计劳动的产出效应。

具体而言，根据误差修正模型1来看，资本存量对我国短期经济增长的存在显著的正效应，资本存量的短期弹性为正（1.923），且具有明显显著性（在1‰水平上显著），资本存量每提高1个百分点，我国GDP会增高1.923个百分点，表明加大投资对拉动经济增长仍有现实意义。从长期来看，通过计算整理可得，资本存量的长期弹性同样为正（0.285），表明资本存量每提升1个百分点，我国GDP会增高0.285个百分点，资本存量的长期效应远远小于其短期效应。人力资本$H1$对产出的影响效应为正，人力资本的短期弹性为正（0.177），但没有通过显著性检验，人力资本存量在短期内其对经济增长的拉动能力是十分有限的。人力资本$H1$的长期弹性为0.6988，且非常显著，表明人力资本存量每增加1个百分点，会拉动我国GDP增长0.7个百分点，表明人力资本对我国长期经济增长中所起的作用是巨大的。

从模型2来看，资本存量对我国短期经济增长存在显著的正效应，资本存量的短期弹性为正（2.033），且具有明显显著性，资本存量每提高1个百分点，我国GDP会增高2.033个百分点。从长期来看，通过计算整理可得，资本存量的长期弹性同样为正（0.221），表明资本存量每提升1个百分点，我国GDP会增高0.221个百分点，资本存量的长期效应远远小于其短期效应。人力资本H2对产出的影响效应为正，人力资本的短期弹性为正（0.209），且在1%水平上显著，表明短期效应下，人力资本存量每增加1个百分点，会拉动我国GDP增长0.209个百分点。人力资本H2的长期弹性为0.526，且非常显著，表明人力资本存量每增加1个百分点，会拉动我国GDP增长0.526个百分点。

第四章　人力资本的国际比较

第一节　测度方法与数据选取

人力资本作为具有创新内涵和具有规模效应递增的特质，对经济增长十分重要。对我国人力资本水平进行准确的测算并与世界其他国家进行比较，对认识我国人力资本的现状和未来发展趋势具有独特的意义。从研究文献来看，人力资本已经成为经济学中一个重要的理论概念，但有关人力资本的测度一直没有一个令人满意的估算方法。对于人力资本水平的估算，一般有成本法、预期收入法、教育成果法等。由于教育成果法一般采用平均受教育年限和各级教育程度人口比率等指标来衡量人力资本水平，忽视了在职培训、干中学和健康保健等其他形式的人力资本。由于在人力资本投入与产出数量之间并没有必然联系，再加上人力资本的各种支出对人力资本存量的作用不可测，因此，单纯的支出法则难以准确合理地对人力资本存量作出测度。收入法采用个人赚取收入的能力来估算人力资本价值，由于无须考虑教育程度和质量、个人付出努力程度和本身能力的差异，因此较支出法更为可靠，但现实中影响工资水平的因素太多，这也将造成估计结果出现较大的偏差。另外由于缺乏准确的数据也会造成研究结论存在一定的偏差。

相比较而言，受教育年限法采用教育年限作为人力资本的代理变量，方法简单易行，再加上数据容易得到，尤其是在进行跨国比较时，选取受教育年限来测算国际人力资本水平，成为人力资本估计的重要测度方法。对于人力资本存量在国际比较时的测度方法可以通过各国劳动者的平均受教育年限以及总量教育年限这两种方法来进行估计。前者将一国人口总量的平均受教育年限作为测度人均资本存量的指标，主要反映各国劳动的质量和素质水平，忽略了一国人力资本的总量。而后者则将平均教育年限与该国劳动力数量进行加乘得到，主要反映一国教育加权的劳动。在国别比较中，由于各国人均教育年限的差距较小（绝大多数国家教育年限分布在6～10年间），教育的质量差异就会有更大的影响，因此许多学者采用教育质量数据对教育进行修正。但是，仅考虑教育年限的作用，无疑忽略了培训和工作经验在人力资本中的作用。因此，本书需要一种能同时反映教育和经验的人力资本测度方法。由于经验的重要性，Mincer（1974）率先提出了用经验（后来的研究加入了教育）解释劳动工资的差异，构筑了终身收入法核算人力资本的微观实证基础[①]。Ben-Porath（1967）将人力资本看成是个人投资的结果，从而在一个动态最优化的框架中给出了人力资本由教育和经验共同决定的微观理论基础。建立在这两者之上的终身收入法，就以上述机制决定的个人未来工资收入流的折现值作为人力资本的度量，采用根据生存率、教育水平、就业状况等因素对劳动者终身各年度的收入进行预测，然后采用固定的折现率将其进行折现。要满足经济分析中常用的比较标准，一个理想的人力资本测度就应当满足稳定性的标准。从这个意义上说，终身收入法由于未来收入指标实际上是人力资本总量、其他经济变量因素和个人特征变量的函数，而这些变量在多变的经济环境中难以事先确定，因此终身收入法所依赖的未来收入水平指标是不可靠的测量尺度，从而导致该法所得到的人力资本结果并不满足稳健性的要求。这就是采用终身收入法难以建立稳定的跨时间或跨国的人力资本国际比较数

---

① Mincer, Jacob （1974）, Schooling, Experience and Earnings, New York: 356 Columbia University Press.

据库的主要原因，李海峥等根据终身收入法做出了重要尝试，但仍旧存在由于估计采用的工资水平、增长率、折旧率等参数差异而导致最终结果不稳定的现象，参见李海峥（2014）①。

基于上述讨论，本书可以选用一个最符合上述假定的国家，采用该国数据对数进行回归，将回归系数进行转换得到的经验—相对生产率曲线推广到其他国家。这一做法虽然看起来过于简化，但对于国际比较而言是符合理论和现实要求的。首先，国际比较的要点是要使用同样的尺度，只要尺度是统一的，测度和比较就是合理的。这与对GDP进行国际比较时需要根据目的选择汇率计算方法类似。本书的研究目的是通过测度人力资本，在缺乏各国相同教育程度和相同工作经验年数劳动者生产率差异的实证数据的条件下，采用统一的标准进行衡量，是符合本书研究目的的。其次，正如生产函数测度的是既定投入规模条件下的最大可能产出，基于最符合平衡增长条件的参照国微观数据得到的教育—工作年限—人力资本关系曲线。再次，采用统一尺度衡量人力资本，也为人力资本配置效率等分析留下了空间。若采用该统一标准计算的某一国家人力资本数量对技能报酬的影响要低于参照系国家，则本书可以认为该国相对于参照国家而言存在一定程度的人力资本配置不当，从而为增长诊断提供了一条有益的路径。本书在分教育层次的Mincer方程组的基础上，通过对美国的工作经验和收入数据进行分析，求解出教育-经验-相对生产率曲线，然后根据分教育层次—年龄的劳动人口数据，将不同教育层次和工作经验的劳动者人数用相对劳动生产率进行加总，就可以得到稳健可比的人力资本测度。

本书将人力资本加入常规的科布-道格拉斯函数，将之变换为：

$$Y = AK^\alpha L^\beta H^{1-\alpha-\beta} \tag{4.1}$$

其中，Y为产出，A为技术进步（可用TFP表示），K为物质资本，L为劳动，

① 李海峥、李波等：《中国人力资本的度量：方法、结果及应用》，《中央财经大学学报》，2014年第5期。

H为人力资本。资本的产出弹性为α，劳动的产出弹性为β，人力资本的产出弹性为$1-\alpha-\beta$。资本报酬为r，劳动工资为w，人力资本报酬为v，则可得到以下公式：

$$r = \frac{\partial Y}{\partial K} = \alpha \frac{Y}{K} = \alpha A K^{\alpha-1} L^{\beta} H^{1-\alpha-\beta} \qquad (4.2)$$

$$w = \frac{\partial Y}{\partial L} = \beta \frac{Y}{L} = \alpha A K^{\alpha} L^{\beta-1} H^{1-\alpha-\beta} \qquad (4.3)$$

$$v = \frac{\partial Y}{\partial H} = (1-\alpha-\beta) \frac{Y}{H} = \alpha A K^{\alpha} L^{\beta} H^{-\alpha-\beta} \qquad (4.4)$$

由以上公式可得，人力资本的报酬是由物质资本、劳动和人力资本的数量和产出弹性决定的。为将人力资本估算更为简单，本书将人力资本换算为标准劳动的倍数，根据上式可得：

$$\frac{v}{w} = \frac{1-\alpha-\beta}{\beta} \frac{H}{L} \qquad (4.5)$$

人力资本和简单劳动的决定方程和增长趋势有较大差异，即便将人力资本标准化为一般劳动，其决定因素仍受人力资本和劳动数量以及各自产出弹性的影响。本书通过选取同质化的标准来测算人力资本总量，具体方法是选取同质化的指标，将各受教育程度不同和工作年限不同的人群区分来看，通过算出各类人群的不同生产率标准，将各人群进行加总。

将无工作经验的本科毕业生作为标准化人力资本，该标准化人力资本的产出记为v_0，则第i种劳动群体的产出为v_i，则该种劳动群体相对于标准化群体的生产率倍数为φ_i，则：

$$\varphi_i = \frac{v_i}{v_0} \qquad (4.6)$$

明塞尔方程将劳动者的受教育年限作为决定工资水平的一个变量，结合本书将劳动者受教育程度和工作经验作为两个主要变量来估算不同劳动群体的相对生产率，可将明塞尔方程改写为：

$$\log v_i = c_0 + c_1 e_i + c_2 x_i + c_3 x_i^2 + \varepsilon_i \qquad (4.7)$$

其中，e_i为不同劳动人群的受教育程度，x_i为不同劳动人群的工作年限，x_i^2为随着年龄增长人力资本的折旧和老龄化带来的人力资本的降低。选取标准人力资本是分析的基础，本书将劳动者根据是否受过高等教育作为普通劳动者和包含高级人力资本的劳动者区别。

在具有充分竞争的劳动市场条件下，劳动者的生产率将随工作经验的增加而逐渐提升，在生产率研究中这被称为学习曲线。学习曲线体现了熟能生巧和生产成本的降低。工人的工作经验主要通过干中学的方式提升劳动生产率，也是对企业生产过程最直观的现实描述。干中学机制同样也是经济学尤其是经济增长理论中的重要术语，同时干中学也符合心理学、管理学中有关学习曲线的理论描述。教育和工作经验之间还存在着一个学中学机制。学习曲线位置和斜率有很多影响因素，但主要影响因素是与劳动者的教育程度和工作经验长短。本书采用美国当代人口调查（CPS）数据得到比较准确的各教育程度和工作经验的相对生产率，将具有不同工作经验的高等教育劳动者标准化，折算成无工作经验的大学本科毕业生的生产率的倍数，来测度OECD国家以及其他大国的人力资本情况。具体情况见图4-1。

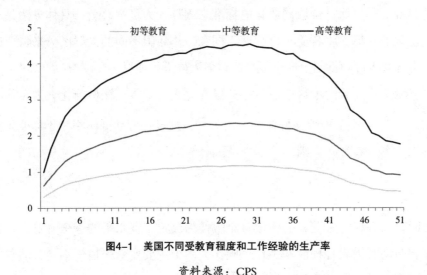

图4-1　美国不同受教育程度和工作经验的生产率

资料来源：CPS

根据美国CPS数据得出美国不同受教育程度和工作经验（5年单位）的生产率，设定0年工作经验的本科毕业生为标准值1，可以看出，受过高等教育的劳动者其相对生产率高于中等教育的劳动者，高于受过初等教育劳动者的相对生产率。无工作经验的应届本科毕业生的相对生产率为初等教育的3倍多。不同受教育程度人群的相对生产率随工作经验的提高出现先上升再下降的趋势。无工作经验的本科生相对生产率为1，而具备30年工作经验的高等教育者相对生产率最高（为4.46），随后开始下降，受过高等教育的劳动者工作经验40年的相对生产率为3.6。同样初等教育和中等教育的劳动者具有相同的变动趋势。

表4-1 美国不同受教育程度和工作经验（5年单位）的生产率

工作经验（年）	初等教育	中等教育	高等教育
0	0.308521	0.617042	1
5	0.753502	1.507004	2.937403
10	0.9362	1.8724	3.631758
15	1.063041	2.126081	4.095711
20	1.113112	2.226223	4.280123
25	1.148581	2.297163	4.412971
30	1.153657	2.307314	4.457898
35	1.092991	2.185981	4.265834
40	0.93218	1.864359	3.622551
45	0.604074	1.208148	2.40468
50	0.454206	0.908412	1.763861
55	0.524079	1.048157	2.088158
60	0.328201	0.656402	1.228651

资料来源：CPS

第二节　模型设定与测算结果

在测算出各类劳动者与标准人力资本生产率的比率 φ_i 之后，本书将不同类型的劳动者统一折算成标准人力资本。具体公式为：

$$H = \sum\nolimits_{i=1}^{n} \varphi_i n_i \tag{4.8}$$

其中 H 为人力资本总量，n_i 为第 i 类型的人力资本的劳动者数量，φ_i 为各类劳动者与标准人力资本生产率的比率。

本书借鉴陆明涛等（2016）研究方法[①]，采用美国CPS相关数据得到初等教育、中等教育和高等教育的相对生产率数据，并结合Barro-Lee的各教育程度比例及人口数量进行匹配，并且假定各国劳动者受教育程度和工作经验的生产率曲线不存在系统性差异，计算出OECD国家以及陷入中等收入陷阱国家的人力资本存量。

估算结果表明，2010年全球高级人力资本总量排名前十的国家依次是美国、中国、俄罗斯、印度、日本、韩国、巴西、墨西哥、德国和英国，其中2010年中国人力资本总量为美国的69%。自1950—2010年60年间，人力资本总量增长最快的是韩国，共增长165倍，年均增长8.9%，其次是墨西哥、巴西、中国和印度，60年间增长66倍、56倍、45倍和50倍，年均分别增长7.2%、6.9%、6.7%和6.6%。人力资本总量与受过高等教育总人数高度相关，可以看出世界人口大国如中国、印度、美国、巴西等人口大国的人力资本存量明显高于其他国家。表4-2给出部分年份数据，具体年份数据可在附表中查看。

---

① 陆明涛、刘潋：《人力资本测度与国际比较》，《中国人口科学》，2016年第3期。

表4-2　OECD国家及部分大国人力资本总量估计结果

国别	1950年	1970年	1990年	2010年	2010年排名
美国	26888191	56443208	151323475	214598634	1
中国	2918860	6710854	43967084	148408937	2
俄罗斯	3280271	8690104	52093740	95575614	3
印度	1926984	8957980	33181547	89114728	4
日本	3338427	9870900	45348378	73708896	5
韩国	281147	2327435	10097478	46651734	6
巴西	585726	2409837	11804552	33149683	7
墨西哥	474763	1341040	7954253	31649347	8
德国	3114026	3466981	16685176	31537690	9
英国	1156751	6032893	13531039	25982531	10
加拿大	1485769	4731292	7708369	23245510	11
西班牙	527808	1331660	5109967	20977726	12
法国	959025	3080621	8124045	17567798	13
波兰	831182	2503259	4437761	13745920	14
土耳其	215079	535640	7403164	12231386	15
意大利	922276	1989204	5730940	12220868	16
澳大利亚	1249074	3605172	6543407	11496294	17
希腊	257749	676506	2858453	8036484	18
荷兰	167021	1165132	4099787	7758230	19
比利时	494506	1084310	3497077	5405416	20
匈牙利	513195	1192456	2399953	4194299	21
以色列	161726	486808	1722193	4049209	22
瑞士	590600	850396	1771480	3909528	23
瑞典	491240	827854	2690581	3906522	24
爱尔兰	142115	202364	828152	3469726	25
智利	215543	449572	1981438	3158500	26
丹麦	200813	636449	1506435	2486097	27
奥地利	222216	266444	717332	2332209	28
阿根廷	324861	1372700	3679931	2160392	29

国别	1950年	1970年	1990年	2010年	2010年排名
捷克	210556	540748	1841645	2150631	30
新西兰	72452	362238	1480647	1775951	31
挪威	54802	274000	962363	1738067	32
芬兰	141672	363687	1040285	1686349	33
斯洛伐克	77297	238690	618410	1264976	34
葡萄牙	85468	136200	731326	957104	35
斯洛文尼亚	33880	93700	322808	769306	36
拉脱维亚	121002	307770	569877	689827	37
爱沙尼亚	54807	174248	343881	685950	38
卢森堡	8047	32677	77447	262079	39
冰岛	5269	13317	47378	148871	40

资料来源：Barro-Lee.com, CPS

由于人力资本总量并不能反映一国人力资本的发展水平，因此本书根据Barro-Lee数据得出的人力资本总量除以15岁以上总人口，计算出各国人均人力资本。按人均计算，2010年全球人均高级人力资本排名前十的国家依次是韩国、爱尔兰、美国、希腊、加拿大、俄罗斯、以色列、日本、澳大利亚和卢森堡。其中2010年中国人均人力资本为179，仅为韩国的15.7%，美国的20.7%，日本的26.8%。自1950—2010年60年间，人均人力资本增长最快的是韩国，共增长44倍，年均增长6.5%，其次是荷兰、西班牙、挪威和卢森堡，60年间分别增长23倍、21倍、19倍和18倍，年均分别增长5.4%、5.2%、5.1%和4.9%。中国的人均人力资本60年间共增长14倍，年均增长4.4%。表4-3给出部分年份数据，具体年份数据可在附表中查看。

很明显，相对于OECD国家而言，中国的人均人力资本水平相对较低，出现此情况的主要原因是中国高等教育扩大化发展推进时间较短，虽然近些年中国高等教育事业飞速发展，并且取得了骄人的成绩，但由于人口基数太大，短时间内很难有非常明显的改观。另外便是Barro-Lee数据中统计的中国受高等教育的劳动者比例较低。即便中国于20世纪90年代末期高等教育学校开始扩招，总入学率和高等教育人数有所增长，但其工作经验和技能仍处于较低水平，需要时间来进行磨砺和发展，因此中国人均人力资本水平相对于OECD各国较低的局面仍将维持很长的时间。但中国人均人力资本的增长速度较快，尤其是进入21世纪以来中国高等教育大众化的发展将对未来人力资本水平的提升有很大促进作用。

表4-3 OECD及部分大国人均人力资本估计结果

国别	1950年	1970年	1990年	2010年	2010年排名
韩国	26	126	318	1142	1
爱尔兰	67	99	324	984	2
美国	233	375	757	860	3
希腊	48	102	348	833	4
加拿大	154	312	351	822	5
俄罗斯	45	91	457	807	6
以色列	188	251	556	760	7
日本	62	125	450	665	8
澳大利亚	207	398	497	664	9
卢森堡	34	124	248	649	10
瑞士	165	180	312	630	11
爱沙尼亚	67	164	280	615	12
比利时	72	147	428	613	13
冰岛	53	98	247	613	14
荷兰	23	123	335	565	15
西班牙	26	55	161	561	16
丹麦	64	168	353	551	17
新西兰	54	188	566	532	18
英国	30	145	294	517	19
瑞典	91	130	383	508	20
匈牙利	73	146	290	493	21
斯洛文尼亚	32	74	212	453	22

国别	1950年	1970年	1990年	2010年	2010年排名
挪威	22	94	280	450	23
德国	59	58	250	440	24
波兰	47	105	156	420	25
墨西哥	29	50	155	388	26
芬兰	50	105	259	379	27
拉脱维亚	83	166	267	354	28
法国	30	81	180	348	29
奥地利	42	47	112	329	30
斯洛伐克	31	72	157	275	31
捷克	31	70	227	244	32
意大利	27	49	120	243	33
智利	56	78	215	237	34
巴西	19	44	122	228	35
土耳其	17	25	201	216	36
中国	13	20	82	179	37
葡萄牙	14	22	92	106	38
印度	5	18	40	82	39
阿根廷	27	81	163	71	40

资料来源：Barro-Lee.com, CPS

第三节 人力资本国际比较

通过对2010年OECD国家及其他大国的人均人力资本数据，结合世界银行2010年各国人均GDP（现价美元）两组数据绘成一个散点图。图4-2显示，人均人力资本 H/L 与各国人均GDP对数存在较为明显的正相关关系。人均人力资本水平越高，人均产出同样越高，经济社会发展程度也越高；反之亦然。这似乎印证了人均人力资本作为衡量经济发达程度指标的可靠性——人均人力资本越高体现了一国经济体中知识、学习溢出效应的增强，以及资本利用效率的增高，基于人力资本推动的经济增长成效也越明显。

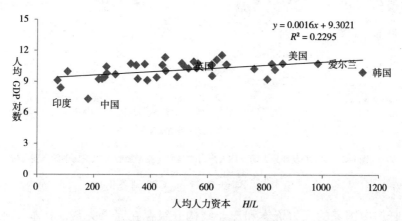

图4-2　OECD及部分大国人均人力资本与人均GDP散点图

资料来源：Barro-Lee.com, CPS, 世界银行

为更好解释和检验本书的人力资本测算结果，本书将各国人均人力资本与其第三产业占比（采用世界银行数据中服务业等增加值占GDP比重）相结合画出散点图。由于受过高等教育的人力资本主体部分都在现代服务业部门就业，本书通过观察各国二者相关关系，进一步说明本书人力资本的估计的有效性。

由图4-3可以看出，一国人均人力资本水平H/L与服务业增加值占GDP比例之间存在较为明显的正相关关系，人均人力资本水平越高，一国经济体中产业结构演进也越成熟；反之亦然，人力资本发展水平对现代服务业的发展起着较为重要的促进作用。

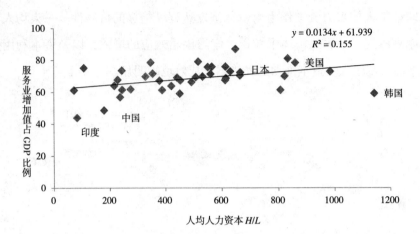

图4-3　OECD及部分大国人均人力资本与服务业增加值占GDP比例散点图

资料来源：Barro-Lee.com, CPS, 世界银行

赶超中国家的人力资本和产业结构升级存在因果关系，日本、亚洲的"四小龙"中的韩国等地区的工业化有较高人力资本存量作为支撑，因此当从工业国迁跃成现代服务业国家时更为容易。拉美国家陷入中等收入陷阱很大程度上源于工业化水平的不足，没有建立完备的现代工业体系，长期在低水平上徘徊，同样其中等人力资本储备不足，因而高级人力资本梯度升级难以成功实现。若从人力资本结构视角来看，提高高等教育在劳动力中的占比，对于劳动生产率提高具有拉动作用。基于这一认识，我们认为，无论是已赶超成功的发达国家，还是正处于工业化阶段的赶超中国家，对于经济体产业机构的优化和劳动生产率的提高均有裨益。实际上，鉴于发展中国家高级人力资本占比过低，因此在扩大教育支出和提高人力资本水平方面有所强调更显得有必要[①]。

对中国而言，通过快速发展教育以积累人力资本同时随着GDP增长不断增加教育投入，是实现未来经济平稳快速增长良性循环的关键启示。值得注意的是，相对于其人均GDP或第三产业发展程度而言，韩国及俄罗斯以及一

---

① 陈润：《经济赶超中的人力资本因素——基于国际经验比较》，《云南财经大学学报》，2017年第1期，第48-54页。

些东欧国家人均人力资本水平处于较高的位置。主要原因是俄罗斯以及东欧国家由于国内高等教育投入和社会发展程度较高，其人力资本积累基础较好。但由于存在较为严重的制度性和结构性问题，国家长期陷入中等收入陷阱。由于计划经济转型不完善、社会法治不健全、政局存在动荡以及政府腐败等问题的存在，市场经济发展落后，再加上由于历史原因社会经济严重依赖重工业部门的发展，导致人力资本密集型的服务业特别是现代服务业难以得到充分发展，从而使较高人力资本不能充分发挥作用，其对经济增长正效应没有被完全释放。

拉美国家中巴西、阿根廷和墨西哥等由于在从传统社会向工业社会变迁的历史进程中工业化积累的不足，其制造业发展缓慢，尤其是高新技术制造业和现代服务业由于缺乏完备的工业体系，过于依赖农产品、矿产资源等出口，整个产业结构不尽合理，难以实现产业上的结构升级和人均收入上的跨越。拉美国家由于本身工业基础薄弱，在工业化过程中，后发优势没有得到完全发挥，轻松完成初步工业化后，没能继续深入下去完善工业体系、完成产业转型（由劳动密集向资本、技术密集，由低利润向高利润）。此时由于人均收入水平的提高，廉价劳动力等优势已经丧失掉，但是产业转型却还没有完成。向上比不过发达国家的科技优势、向下也没有低收入国家的廉价劳动力（劳动密集产业向更贫困国家转移），因此陷入较为长期的低迷增长期。而东南亚国家由于国内消费市场比较小，大多采取出口为导向型的经济发展模式，其经济发展的外贸依存度较高，在国际经济波动中受到冲击较大，不能保持持续稳定的增长。

除却以上原因之外，东欧、拉美以及东南亚的国家和地区大都存在不同程度的智力外流（高级人力资本向国外转移）问题。韩国之所以成为人均人力资本最高的国家，很大程度上是由于韩国政府加大对高等教育的投入导致近些年大学入学率激增。但韩国人均GDP以及服务业增加值占GDP比例，都远低于大部分拥有此人力资本水平的其他发达国家，人力资本的高水平貌似并未给韩国带来相应的国民收入和相应第三产业发展水平。一个解释原因是韩国的高等教育并非只是源于对GDP的追求，还有部分原因在于作为东亚文化，国民本身含有崇尚教育的儒家文化思想。另一个原因是在跨越进入高收入国家之后，韩国并未完全抛弃工业化，韩国的产业机构具有自身特殊性，第二产业对于韩国具有更多象征意义，诸如三星和现代等公司由于规模太大，转向第三产业并非是一件容易的事情。此外人力资本本身具有时间滞后性，人力资本提高产出并非立竿见影，更大程度上在于对经济增长和产业结构转移的长期影响。

韩国对于教育和科技向来重视，对于研发的投入很高，以促进企业的研发。与此同时当企业的技术升级到一定阶段，高级技术人才特别是研发人才成为一个重要的约束，此时企业可以在全球范围内而不只在本国招聘人才。由于人力资本的特性决定了人力资本的全球雇佣有助于后发企业在技术能力上追赶甚至赶超技术领先的企业。对于一个处于中等收入的国家，劳动力优势逐步消失的情况下，从事研发将是后发经济的企业必须面临的挑战，而人力资本的全球雇佣对于当前中国经济增长面临挑战的现状具有较强的借鉴意义。

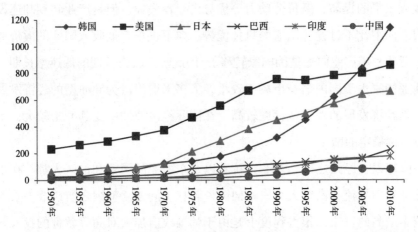

图4-4　1950—2010年美国、日本、韩国、印度、中国和巴西人均人力资本情况

资料来源：Barro-Lee.com, CPS

与作为发展中国家的中国、巴西和印度等大国相比，美日韩人均人力资

本处于绝对的高水平，无论是初始水平还是发展速度，美日韩的人均人力资本都遥遥领先于中国、印度和巴西等大国。值得一提的是日本和韩国人均人力资本增长率的发展阶段。1950年日本人均人力资本为65，到1970年增长至125，仅增长1倍左右；自20世纪70年代开始日本高等教育进入飞速发展阶段，至1990年日本人均人力资本增长至450，20年间增长了3倍，速度远高于1950—1970年的20年的增长速度。1990年之后由于日本高等教育已经步入大众化阶段，受过高等教育人群达到非常高的比例，难以再高速提升，因此1990—2010年日本人均人力资本达到665，增长了50%左右。

1950年韩国人均人力资本仅为26，到1970年，日本人均人力资本增长至126，是1950年韩国人均人力资本的近5倍，并且在当年超过日本（125）；自20世纪70年代开始韩国人均人力资本开始进入缓慢发展阶段，1990年韩国人均人力资本增长至318，1970—1990年的20年间增长了1.5倍，一个解释是韩国在此阶段开始注重公司培训以及采用其他手段来提升人力资本，并将前一时期的人力资本投入到企业和社会中去，发挥其社会效应，而非一味地增加教育投入来提升人力资本。1990年之后韩国人均人力资本再次进入高速增长期，由于前期人力资本存量大部分被国内工业和服务业吸收，再加上韩国中等教育的良好基础为其高等教育提供了大量的数量基础。20世纪末，韩国人均人力资本水平超过日本，2005年韩国人均人力资本达到834，超过了同时期的美国水平。2010年韩国人均人力资本达到1142，位居世界第一，1990—2010年韩国人均人力资本增长了260%左右。

美国作为资深发达国家，其人力资本具有非常好的初始条件，1950年美国人均人力资本为233，位居当时世界第一。至1970年美国人均人力资本增长至375，20年间增长了61%。1970年美国陷入经济发展的滞涨时期，美国开始大力发展高等教育事业，通过减税等手段给予资金支持。1990年美国人均人力资本达到757，1970—1990年的20年间美国人均人力资本水平增长了一倍之多。

新中国成立之初，中国高等教育事业基础非常薄弱，1950年我国人均人力资本值为5，不仅对于OECD的发达国家，甚至比许多第三世界的国家都要低很多。至1965年我国人均人力资本水平达到16，是新中国成立之初的3倍多。但随之而来的"文化大革命"使我国教育事业蒙受巨大损失。1980年我国人均人力资本为19，1966—1980年整整15年仅增长了不到20%，年均增长不到1%。改革开放之后，我国各级教育开始重新发展，学校教育重新得到重视，高等院校开始重新招生。至20世纪末，我国人均人力资本达到92，20年间人均人力资本增长了4倍左右，我国高等教育事业得到了巨大的发展，人力资本积累重新迈上新的台阶。

第五章　经济赶超中的人力资本因素

近些年，我国经济增长速度持续放缓的情况下，面临着陷入中等收入陷阱的风险。本章通过对日本、韩国、东南亚、拉美和东欧等主要国家和地区的人力资本结构进行比较发现，成功赶超的国家在经济高速发展的同时，人力资本存量逐渐提高。陷入中等收入陷阱或正在赶超的国家中等层次人力资本存在明显过于饱和并且高级人力资本积累不足的现象。人力资本梯度升级与产业结构演进密切相关，具有高存量高级人力资本的经济体在提高现代产业在国民经济部门中的比例方面成绩更为突出。同时陷入中等收入陷阱的国家科研能力薄弱，包括科研费用支出和科研人员比例过低、其全要素生产率难以提升，甚至有所下降。相比较成功赶超的国家甚至正在赶超的新兴经济体，中国存在高层次人力资本不足和中等层次人力资本过于饱和的现象。最后借鉴日本和韩国政府在人力资本的各项扶持政策，得出未来中国要跨越中等收入成功实现赶超，就必须加大对教育尤其是高等教育的投入和运用①。

"中等收入陷阱"是指经济体人均收入发展到中等阶段时，经济体增速长期缓慢增长，无法实现成功跨越至高等收入国家的现象。"中等收入陷阱"国家存在创新能力不足、人力资本水平过低及老龄化、产业结构不合理、金融体系脆弱、收入分配不平等、公共服务短缺等普遍特征。另外某些国家和地

---

① 陈润：《经济赶超中的人力资本因素——基于国际经验比较》，《云南财经大学学报》，2017 年第 1 期，第 48—54 页。

区不同程度呈现高失业率、腐败现象严重、城市化进程中各种困境以及社会动荡等问题。根据图5-1所示,中国随着经济增长速度放缓,深入新常态,中国在某些方面已经出现中等收入陷阱国家的某些征兆。生产要素的成本迅速攀升,边际收益不断递减,比较优势正在弱化,中国陷入"中等收入陷阱"的风险正在加大,若不能及时准确地应对,中国宏观经济或将出现大幅波动甚至长期缓慢增长,无法突破发展瓶颈。

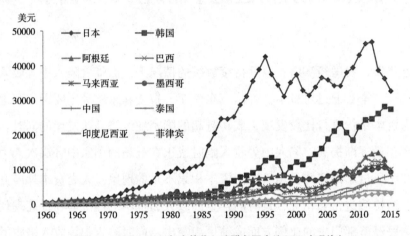

图5-1 1960—2015年中等收入陷阱各国人均GDP(现价)

资料来源:世界银行

自改革开放以来,我国经济高速增长的同时人均受教育水平大幅提高,同时在干中学的过程中劳动力素质也快速提升,同时产业结构也在从传统产业向现代产业不断演进。但另一方面,我国经济发展模式存在过度依靠物质资本积累、对自然环境的破坏和"人口红利"等因素,随着中国经济增长动力不足,经济发展转型升级日益迫切,因此提高人力资本存量和优化人力资本结构成为亟待解决的问题[①]。

---

① 陈润:《经济赶超中的人力资本因素——基于国际经验比较》,《云南财经大学学报》,2017年第1期,第48-54页。

第一节　经济增长过程中人力资本积累和结构演变

经济体赶超从某种意义上来说是人力资本量的积累和机构的升级。在成功赶超的经济体中，人力资本遵循平均受教育年限的提升和人力资本结构的"倒U形"发展以及各层次人力资本的逐级替换。

图5-2和图5-3为根据Barro-Lee的关于1950—2010年世界各国受教育年限的部分数据绘出。以5年为一刻度单位，整理出人力资本结构发展的以下几种类型:第一种类型是以美国以及成功实现赶超的日本和韩国为代表的发达国家人力资本结构演进模式，其主要特征是初等教育比例迅速下降，中等教育先上升再下降，呈"倒U形"趋势发展，高等教育比例迅速提升，成功实现中等人力资本向高级人力资本的跨越。整个人力资本结构不断优化，美国和韩国高级人力资本接近甚至超过中级人力资本所占比例。在这一人力资本深化的过程中，中级和高级人力资本积累的初始条件是美国优于日本优于韩国，日本和韩国在"二战"后大力发展教育，其中级和高级人力资本积累不断追赶并接近美国的水平[1]。

---

[1]　陈润:《经济赶超中的人力资本因素——基于国际经验比较》，《云南财经大学学报》，2017年第1期，第48-54页。

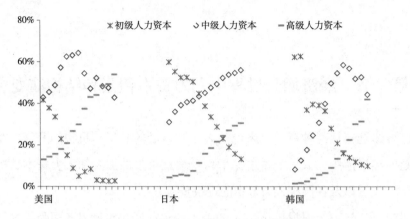

图5-2 美国、日本和韩国人力资本结构演变

资料来源：BL2013_amf_V1.3

第二种类型是正在赶超拉美国家和东南亚国家，二者初等教育呈现先上升再下降的"倒U形"趋势，中等教育所占比例迅速攀升，高等教育稳定发展，但由于初等教育所占比例较高，中等教育所占比例虽快速发展，但所占比例仍偏低，由此导致高等教育后备力量缺乏，从中级人力资本向高级人力资本跨越的后劲不足[①]。

第三种类型是中国，典型特征表现在前工业化时代的初始条件不足，初等、中等和高等教育比例过低。新中国成立后初等教育和中等教育比例不断提高，但高等教育发展有限。典型特点是从传统农业社会向工业化进程的转变中中等教育急速攀升，尤其是改革开放以后，初等教育所占比例达到40%的拐点，并在此时期超过初等教育所占比例后飞跃发展。同时在此时期高等教育开始加速发展，但由于高等教育基数过低，造成高级人力资本绝对比例较东南亚和拉美仍然偏低，中国经济仍被中级人力资本所主导。

第四种类型是东欧国家，这些国家的人力资本结构介于成功赶超的日韩

---

① 陈润：《经济赶超中的人力资本因素——基于国际经验比较》，《云南财经大学学报》，2017年第1期，第48-54页。

和东南亚拉美的中间，属于过渡阶段①。

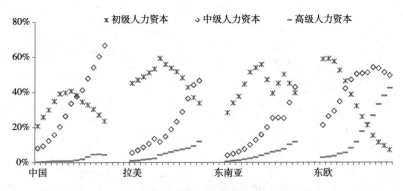

图5-3 各赶超中国家和地区人力资本结构演变

资料来源：BL2013_amf_V1.3

第二节 人力资本与效率提升、R&D支出

一、人力资本积累与效率提升

国际经验表明，一国高级人力资本所占比例与其TFP明显正相关。中国若想实现对"中等收入陷阱"的跨越，突破高科技产品方面的创新和研发困境，就必须将扩大高级人力资本存量确立为引领科技创新的主导力量，突破前沿技术创新能力不足的瓶颈。本书通过数据证明，高级人力资本对TFP具有显著的促进作用。

---

① 陈润：《经济赶超中的人力资本因素——基于国际经验比较》，《云南财经大学学报》，2017年第1期，第48-54页。

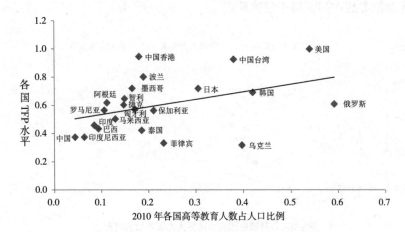

图5-4 2010年各地区TFP与高等教育人口比例情况

资料来源：根据Penn World Table计算得出

通过对2010年Penn World Table数据中中国、印度、日本、韩国、东南亚、拉美和东欧等主要国家和地区的高等教育人数占人口比例和TFP进行比较发现，高级人力资本和一国TFP水平存在明显正相关。其中发达国家美国、日本和韩国是此类型典型代表，其高等教育人口比例和TFP都位于较高行列；相反中国和印度则处于最低行列；拉美国家、东南亚等地高等教育人口比例和TFP都位于较低的水平。当一国科技水平较弱，创新能力不足时，提高全要素生产率主要引擎适合采取技术模仿的手段；而当一国的科技创新水平和世界科学技术最新前沿比较接近时，则主要通过技术创新来培育经济增长的新动力。大力发展以基础科学和重大前沿问题为主要研究对象的高等教育发展，提升高等人力资本存量。同时也应大力扶持以实用技术革新和职业技术技能培养为重心的应用型大学和高等职业学校，训练一批高素质、高技能的现代技术工人。

以美国TFP绝对值1为基准进行国际比较，结果显示，成功赶超的经济体日本和韩国由于高级人力资本的快速发展导致TFP水平大幅提升，其中日本提升最快，韩国次之。拉美国家和东南亚国家由于初级人力资本增长过于饱和，中等人力资本水平积累不足导致高级人力难以实现梯度升级，TFP水平在一度实现快速提升后却逐渐下降，倒U形现象较为明显。东欧人力资本梯度升级介于拉美和日韩的过渡阶段，TFP水平缓慢追赶。而中国由于初等教育人口比例急剧下降，中等教育水平占比过量，而高级人力资本在随着20世纪末高等教育扩招后也在快速增长，但总体占比尚低，因而TFP水平也缓慢增长。如何使中国大量的中等人力资本转化为高级人力资本，实现人力资本水平由中级向高级梯度升级是影响中国现阶段TFP水平能否不断提升的一个关键因素[①]。

表5-1　各地区TFP情况比较

年份	美国	日本	韩国	拉美	东欧	东南亚	中国
1960	1	0.39	0.31	0.69	—	0.43	0.39
1965	1	0.45	0.31	0.72	—	0.43	0.32
1970	1	0.72	0.35	0.74	0.38	0.43	0.30
1975	1	0.76	0.54	0.78	0.46	0.56	0.29
1980	1	0.83	0.52	0.84	0.50	0.60	0.28
1985	1	0.79	0.62	0.67	0.49	0.55	0.36
1990	1	0.88	0.73	0.58	0.53	0.54	0.28
1995	1	0.82	0.75	0.62	0.45	0.55	0.32
2000	1	0.77	0.75	0.59	0.45	0.39	0.27
2005	1	0.76	0.73	0.56	0.54	0.4	0.34
2010	1	0.72	0.69	0.59	0.58	0.41	0.37

资料来源：根据Penn World Table整理得出

二、各地区R&D支出比较

成功实现赶超的国家和陷入中等收入陷阱的国家在研发能力上存在明显差别。日本和韩国研发费用支出占国内生产总值的比重1996年分别达到2.77%和2.24%，明显数倍于拉美和东南亚国家。同时期的马来西亚、泰国、墨西哥和阿根廷的研发费用支出占GDP比重分别为0.22%、0.12%、0.26%和0.42%。

---

① 陈润：《经济赶超中的人力资本因素——基于国际经验比较》，《云南财经大学学报》，2017年第1期，第48—54页。

经过近20年的发展，2013年日韩研发支出占国内生产总值的比例基本实现翻番。而陷入中等收入陷阱的国家虽有进步，由于2013年数据缺失，采用2012年数据，2012年阿根廷为0.58，巴西为1.15，墨西哥为0.43，东南亚国家此项指标发展也并不明显，从绝对数量上看大部分中等收入陷阱国家此指标基本还处于1%以下。值得一提的是，在此时期中国研发支出占GDP比例增速保持快速增长，从1996年的0.57%上升至2013年的2.01%。

表5-2　各地区研发支出占GDP比例情况（%）

国家	阿根廷	巴西	墨西哥	中国	日本	韩国	马来西亚	印度尼西亚	泰国	菲律宾
1996	0.42	—	0.26	0.57	2.77	2.24	0.22	—	0.12	—
1997	0.42	—	0.29	0.64	2.83	2.29	—	—	0.10	—
1998	0.41	—	0.32	0.65	2.96	2.15	0.40	—	—	—
1999	0.45	—	0.36	0.75	2.98	2.06	—	—	0.26	—
2000	0.44	1.00	0.32	0.90	3.00	2.18	0.47	0.07	0.25	—
2001	0.42	1.03	0.34	0.95	3.07	2.34	—	0.05	0.26	—
2002	0.39	0.98	0.38	1.06	3.12	2.27	0.65	—	0.24	0.14
2003	0.41	1.00	0.39	1.13	3.14	2.35	—	—	0.26	0.13
2004	0.37	0.96	0.39	1.22	3.13	2.53	0.60	—	0.26	—
2005	0.38	1.00	0.40	1.32	3.31	2.63	—	—	0.23	0.11
2006	0.40	0.99	0.37	1.38	3.41	2.83	0.61	—	0.25	—
2007	0.40	1.08	0.37	1.38	3.46	3.00	—	—	0.21	0.11
2008	0.42	1.13	0.40	1.46	3.47	3.12	0.79	—	—	—
2009	0.48	1.12	0.43	1.68	3.36	3.29	1.01	0.08	0.25	—
2010	0.49	1.16	0.45	1.73	3.25	3.47	1.07	—	—	—
2011	0.52	1.14	0.42	1.79	3.38	3.74	1.06	—	0.39	—
2012	0.58	1.15	0.43	1.93	3.34	4.03	1.13	—	—	—
2013	—	—	0.50	2.01	3.47	4.15	—	0.08	—	—

资料来源：世界银行

日本和韩国R&D研究人员（每百万人）人数在1996年分别达到4947人和2211人，明显数倍于拉美和东南亚国家。同时期的马来西亚、墨西哥和泰国分别为89人、207人和101人，明显落后于其他发达国家。经过近20年的发展，2013年日韩R&D研究人员（每百万人）人数分别增长至5201人和6457人，虽增长缓慢，但在发达国家中仍名列前位，说明在成功跨越中等收入阶段后，经济结构处于合理的优化状态，而陷入中等收入陷阱的国家除马来西亚和阿根廷增长较快之外，其余国家在此方面增长缓慢。在此时期中国研发支出占GDP比例增速保持快速增长，从1996年的443人上升至2013年的1089人。

可以给出的解释是：陷入中等收入陷阱的国家在技术创新上存在难以克服瓶颈的问题。经济体步入中等收入阶段之后，经济会出现低增长甚至停滞现象，劳动力以及其他成本升高使得经济体与低收入国家相比丧失竞争优势，同时也无实力与发达国家竞争高科技产品和创新研发等方面竞争。因此，随着一国进入中等收入阶段，必然面对产业结构和技术水平的升级要求。而现代产业升级的核心是全要素生产率的提高，它表现为技术水平的进步和资源配置效率的提高，这也是新形势下经济增长的主要源泉，而高水平的人力资本存量是全要素生产率提高不可或缺的要素之一。陷入中等收入陷阱的国家科研能力薄弱，包括科研费用支出和科研人员比例过低，由此造成其全要素生产率难以提升。相比之下，中国在人力资本积累不足的现象更加明显，未来中国要跨越中等收入成功实现赶超，就必须提升人力资本水平，加大对教育尤其是高等教育的投入和运用。东南亚国家由于受20世纪末亚洲金融危机冲击，经济增长速度大幅下滑，并且难以恢复。拉丁美洲在拉美货币危机之后也是陷入缓慢发展阶段等现象皆与经济体的经济增长缺乏技术创新动力有着直接关系。

表5-3　各地区R&D研究人员（每百万人）人数

年份	阿根廷	巴西	墨西哥	中国	日本	韩国	马来西亚	印度尼西亚	泰国	菲律宾
1996	—	—	207	443	4947	2211	89	—	101	—
1997	692	—	219	472	5002	2267	—	—	73	—
1998	701	—	209	387	5212	2029	153	—	—	—
1999	710	—	216	421	5251	2183	—	—	168	—

续表

年份	阿根廷	巴西	墨西哥	中国	日本	韩国	马来西亚	印度尼西亚	泰国	菲律宾
2000	713	420	216	547	5151	2345	274	213	—	
2001	685	437	224	582	5184	2932	—	199	279	—
2002	688	454	295	631	4935	3034	293	—	—	—
2003	714	490	314	668	5156	3215	—		279	71
2004	761	539	367	713	5157	3301	500	—	—	—
2005	814	580	400	857	5360	3777			311	80
2006	886	589	326	932	5387	4175	369			
2007	968	603	335	1079	5378	4604	—	—	322	78
2008	1028	619	327	1200	5158	4868	601			
2009	1072	656	368	864	5148	5001	1070	90	331	—
2010	1154	698	380	903	5153	5380	1467	—		
2011	1208		383	978	5160	5853	1653	—	543	
2012	1226	—	—	1036	5084	6362	1794	—	—	—
2013	—			1089	5201	6457				

资料来源：世界银行

近些年，我国教育和科研发展速度很快，知识部门产出不断增加，中国人均知识产品增长率保持两位数增长，人均知识产品产出占GDP比重由1998年的10.16%增长到2014年的15.62%。但相对于知识部门的高速增长率来讲，人均知识产品产出占GDP比重增长却并不太高，这需要转变原有增长方式，继续提高科技创新和高级人力资本的比重，才能顺利突破中等收入陷阱。

表5-4　中国人均知识产品增长率与比重

年份	人均知识产品增长率	人均GDP增长率	知识产品比重
1998	6.51	6.82	10.16
1999	8.26	6.69	10.43
2000	8.39	7.58	10.49
2001	9.10	7.52	10.67

年份	人均知识产品增长率	人均GDP增长率	知识产品比重
2002	8.64	8.36	10.71
2003	7.00	9.34	10.46
2004	29.63	9.43	10.40
2005	11.89	10.70	10.30
2006	17.40	12.06	10.55
2007	25.72	13.60	11.37
2008	10.53	9.06	11.32
2009	17.70	8.69	12.25
2010	23.93	10.10	13.14
2011	13.80	8.96	13.37
2012	12.02	7.22	14.00
2013	13.19	7.15	14.84
2014	12.38	6.8	15.62

注：根据历年《中国统计年鉴》的数据计算得出

第三节　人力资本积累和产业结构变迁

一、产业结构升级与经济增长

研究结构主义认为经济体各部门的结构、技术和要素等因素都会对经济增长产生影响。库兹涅茨认为1948—1966年美国的经济增长中产业结构的贡献率可以达到10%左右，同时库兹涅茨还通过20多个国家经济发展状况数据分析了产业结构调整和经济增长之间的实证关系。钱纳里（1989）经过研究发现经济增长与产业结构存在较为明显的变动规律，他通过分析三次产业的就业人数和产值比重，解释了产业结构演进和经济增长之间的变动关系[1]。

在传统社会随着工业化积累进入现代发达国家的过程中，产业结构基本要经历两次变迁演进。一是工业化的积累和发展，即从初期劳动密集型产业为主导升级为资本密集型为主导，然后再转向技术密集型为主导跨越。二是现代服务业的发展，并超过工业部门在国民经济中所占的比重。本书经过对赶超国家和已成功实现跨越国家的数据比较发现，赶超中国家的人力资本和产业结构升级存在因果关系，日本、亚洲的"四小龙"中的韩国和中国台湾等国家或地区的工业化有较高人力资本存量作为支撑，后发国家诸如亚洲"四小虎"延续了这一发展模式。拉美国家陷入中等收入陷阱很大程度上源于工业化水平的不足，没有建立完备的现代工业体系，长期在低水平上徘徊，同样其中等人力资本储备不足，因而高级人力资本梯度升级难以成功实现[2]。

表5-5　1970—2015年各国工业和服务业增加值占GDP比例

国家或地区	日本		韩国		中国		拉美		东南亚	
年份	工业	服务业	工业	服务业	工业	服务业	工业	服务业	工业	服务业
1970	43.67	51.19	24.48	47.99	40.49	24.29	31.95	49.31	32.14	36.78
1971	43.22	52.33	23.56	48.59	42.15	23.79	31.70	49.21	32.31	36.84
1972	42.35	53.10	24.63	48.34	43.06	24.09	32.12	49.10	34.25	36.27
1973	42.70	52.39	27.38	47.55	43.11	23.54	32.56	48.60	35.72	35.23
1974	41.37	53.98	26.60	48.47	42.73	23.40	32.45	48.30	35.66	36.13
1975	39.41	56.01	27.39	47.22	45.72	21.88	32.20	48.99	35.28	37.50
1976	39.40	56.17	29.09	46.80	45.43	21.72	32.58	48.70	37.03	36.14
1977	38.65	57.11	30.29	46.89	47.13	23.45	32.23	48.31	38.04	36.58
1978	38.90	57.22	32.38	46.66	47.56	24.54	33.51	49.37	37.56	37.44
1979	38.65	57.72	33.64	46.81	46.79	22.26	33.54	49.54	37.87	37.60
1980	39.06	57.86	34.17	50.72	47.91	22.23	33.18	48.04	37.82	38.21

---

[1] 钱纳里等：《工业化和经济增长的比较研究》，吴奇等译，上海人民出版社1995年版。

[2] 陈润：《经济赶超中的人力资本因素——基于国际经验比较》，《云南财经大学学报》，2017年第1期，第48-54页。

续表

国家或地区	日本		韩国		中国		拉美		东南亚	
年份	工业	服务业	工业	服务业	工业	服务业	工业	服务业	工业	服务业
1981	39.22	57.81	33.83	50.38	45.81	22.64	32.25	48.67	37.30	38.91
1982	38.57	58.56	34.26	50.98	44.45	22.52	31.98	48.86	36.06	40.16
1983	37.75	59.41	35.62	50.88	44.06	23.13	30.97	49.16	37.66	39.67
1984	38.17	59.02	36.75	50.60	42.76	25.48	31.23	47.88	38.26	39.21
1985	38.23	59.07	36.10	51.39	42.55	29.33	31.45	47.80	36.98	40.03
1986	37.78	59.67	37.23	51.71	43.36	29.83	31.87	48.00	37.41	40.02
1987	37.34	60.27	38.15	51.96	43.18	30.35	31.55	48.12	37.67	40.39
1988	37.63	60.12	38.43	51.72	43.40	31.23	31.20	49.47	38.11	40.54
1989	37.79	60.03	37.68	53.18	42.37	32.89	31.26	51.14	39.31	39.96
1990	38.05	59.82	38.18	53.60	40.90	32.38	30.53	53.80	39.81	40.87
1991	37.69	60.33	39.23	53.46	41.36	34.49	29.52	55.44	40.23	41.31
1992	36.53	61.58	37.93	54.96	43.00	35.57	29.14	53.88	42.35	39.84
1993	35.15	63.12	38.17	55.47	46.09	34.52	29.45	52.50	40.80	42.27
1994	33.63	64.39	38.05	55.79	46.09	34.37	29.79	52.17	41.79	42.27
1995	33.06	65.19	38.38	55.80	46.68	33.66	29.30	62.08	42.92	41.90
1996	32.88	65.35	37.81	56.73	47.04	33.57	29.10	62.97	43.87	41.49
1997	32.69	65.68	37.54	57.49	47.03	35.01	29.61	62.62	43.96	41.64
1998	31.84	66.45	37.01	58.35	45.72	37.06	29.42	62.74	42.99	41.51
1999	31.32	67.00	36.49	58.75	45.27	38.60	28.81	63.00	43.33	41.15
2000	31.06	67.35	38.09	57.51	45.43	39.82	28.86	62.21	43.65	41.10
2001	29.51	69.03	36.83	59.05	44.67	41.27	28.21	62.45	43.02	41.71
2002	28.67	69.86	36.38	59.86	44.32	42.30	28.19	62.44	43.02	41.96
2003	28.59	70.02	36.60	59.88	45.49	42.09	28.20	61.33	43.02	41.94
2004	28.56	70.11	37.96	58.51	45.75	41.24	28.57	60.57	42.80	42.51
2005	28.13	70.65	37.50	59.36	46.87	41.40	28.30	61.43	42.52	43.10
2006	28.11	70.71	36.86	60.15	47.40	41.89	28.04	62.05	42.22	43.54
2007	28.21	70.64	37.01	60.28	46.69	42.94	27.76	62.60	41.75	44.32

国家或地区	日本		韩国		中国		拉美		东南亚	
年份	工业	服务业	工业	服务业	工业	服务业	工业	服务业	工业	服务业
2008	27.54	71.32	36.28	61.21	46.76	42.91	27.33	62.77	41.08	44.96
2009	26.04	72.79	36.68	60.73	45.67	44.45	26.39	64.18	40.32	45.59
2010	27.54	71.28	38.27	59.26	46.17	44.20	26.64	63.42	40.48	45.89
2011	26.14	72.70	38.38	59.10	46.14	44.32	26.63	63.48	39.88	46.78
2012	26.03	72.76	38.07	59.47	44.97	45.50	26.13	64.49	39.73	47.19
2013	26.37	72.44	38.41	59.25	43.67	46.92	25.74	65.19	39.40	47.63
2014	26.86	71.97	38.06	59.61	42.74	48.09	25.64	65.70	39.21	47.97
2015	—	—	37.98	59.71	40.53	50.47	25.28	68.09	31.44	37.81

资料来源：世界银行

人力资本水平的提升对产业结构的影响存在差异，其中对工业和服务业的影响高于对农业部门的影响。与单纯人力资本存量的增加，人力资本梯度结构对产业结构匹配的影响则更加明显。不同的人力资本质量和结构对不同国家和地区分布不平衡是造成地区间产业结构升级存在巨大差异的一个重要原因。拉美国家制造业发展缓慢，尤其是高新技术制造业和现代服务业由于缺乏完备的工业体系，过于依赖农产品、矿产资源等出口，整个产业结构不尽合理，难以实现产业上的结构升级和人均收入上的跨越。东南亚国家由于受20世纪末亚洲金融危机冲击，再加上国内市场较弱，外贸依存度高，抗风险能力薄弱，经济增长速度大幅下滑，并且难以恢复。

二、日本产业结构升级

日本在"二战"之后的产业调整共三次，虽然在各个时期其产业政策有所不同，但总体思路是大力发展第三产业，包括明显提高第三产业增加值占GDP的比重及其就业人口数量和比例，逐步降低第二产业比重，显著降低第一产业比例。从1970—2015年各国工业和服务业增加值占GDP比例的数据来看，日本产业结构发展最为成熟，产业机构的服务化特征逐渐凸显并日益增强，日本在产业结构演进中具备出非常独有的特征。

一是实现工业化的时间短、速度快。日本自20世纪五六十年代开始经济腾飞，在短短十五年的时间内迅速完成了工业化。并且日本的工业化以发展重工业为主，逐步降低轻工业在国民经济中的比例。日本在高速增长的同时，制造业中的食品行业和纤维行业所占比重大幅降低，而机械工业、金属材料和制品所占比重明显上升，可以说日本的工业化是以重工业尤其是化学工业为主体的工业化。

二是第二产业就业比例相对稳定，不同于大多数发达国家第二产业就业人员比例大幅下降，日本的工业就业人员占总就业人员比例下降速度较慢，从1970年的35.71%下降至2016年的24.32%左右，平均保持每年0.25个百分点的下降速度。尤其是在日本经济高速腾飞跻身世界经济第一梯队之前（1994年之前），工业就业人员比例基本保持稳定略有下降，1970—1994年的25年间，其工业就业人员比例仅仅从35.06%下降至34.03%，下降了1个百分点。可以说在日本经济腾飞的过程中，工业部门起着非常重要的作用。直至日本陷入经济停滞的时期，日本政府才逐渐收缩工业部门，进而更大幅度提高第三产业的比重。

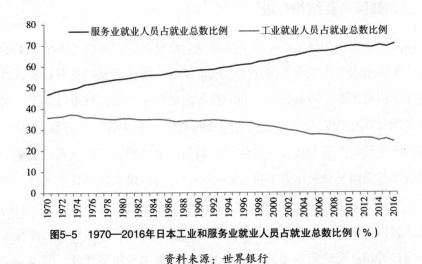

图5-5　1970—2016年日本工业和服务业就业人员占就业总数比例（%）

资料来源：世界银行

三是20世纪70年代中期以来日本服务业大幅上升。日本自20世纪60年代后期就开始注重脱离工业化、发展信息化和建设知识型社会等宣传口号，不再注重物质财富的生产，而是重视知识、信息和服务的生产和分配，并增强社会对缩短劳动时间、延长受教育年限以及增加居民休闲和娱乐的要求，将经济社会发展推进到一个新阶段，这为日本现代服务业的快速发展提供了良好的契机。

四是信息产业的突飞猛进为20世纪90年代以来的萧条抹出一笔亮色。日本的信息化不仅单指信息产业占GDP的比重上升，而且使第一、第二产业的各生产环节都引进信息技术，并以此拉动信息产业之外的其他产业需求，以此提升自身效率。自1970年至今日本服务业增加值占GDP比例逐步上升，从1970年的51.19%上升至2014年的72%左右，基本保持每年0.5个百分点的上升速度。而其工业增加值占GDP比例则逐渐降低，从1970年的43.67%下降至2014年的26.86%左右，基本保持每年0.4个百分点的下降速度。伴随产业结构变迁，日本工业和服务业就业人员占就业总数比例也同样发生变化，自1970年至2016年日本服务业就业人员占就业总数比例从1970年的46.72%上升至2016年的70.67%左右，平均保持每年0.52个百分点的上升速度。

三、韩国产业结构升级

韩国工业化在20世纪70年代开始起步，政府根据国际市场需求和本国资源条件主要重点优先发展石油化工、汽车制造、钢铁产业以及有色金属冶炼等重化学战略工业，对科技含量高的技术密集产业主要实行进口替代。同时根据需求结构变化以及产业演进规律及时调整，主动适应经济形势的变化，并推动产业结构升级和优化。80年代初韩国由于外贸依存度过高以及重工业投资过度等原因导致轻工业不振。1985年"广场协议"使得日本出口急剧降低，作为竞争对手的韩国坐收渔利，韩国轻工业出口快速增加，重工业同样如此，韩国迎来经济增长最繁荣的时间。韩国依靠外贸的增长模式亦有所转变，出口开始从劳动密集型的轻工业为主转向技术密集型产业。韩国除了传统优势的汽车制造、钢铁及有色金属冶炼、化工等重工业之外，电子工业异军突起。

自1970年至今韩国服务业增加值占GDP比例逐步上升，从1970年的48%上升至2014年的60%左右，其增长速度较为平稳。而其工业增加值占GDP比例在20世纪90年代之前快速增长，由1970年的24.48%上升至1991年的39.23%，基本保持每年0.7个百分点的速度增加，自此之后则保持稳定。伴随产业结构变迁，韩国工业和服务业就业人员占就业总数比例也同样发生变化，自1970年至2013年韩国服务业就业人员占就业总数比例从1980年的37%上升至2016年的70%左右，平均保持每年1个百分点的上升速度。而工业就业人员占就业总数比例从1980年的29.1%先升高至1991年的36%左右，平均保持每年0.64个百分点的上升速度，然后开始逐渐下降至2013年的24.4%，平均每年下降0.5个百分点。经过20多年的快速发展，至20世纪90年代初，韩国的产业结构已接近发达国家水平，其很多经济指标业已达到当时发达国家的水平，韩国于1996年左右进入高收入国家行列，基本上跨越了中等收入陷阱。

亚洲金融危机时期，在国际货币基金组织和美国、日本等国支援下，韩国对经济结构进行优化调整。同时韩国企业逐渐减少技术进口替代，大规模增加自主研发的投资，形成具有韩国特色的创新模式——在引进国外先进技术基础上，进行模仿创新，加大自主知识产权保护力度，增强自主品牌的国际竞争力。世界知识产权组织的数据表明，2007年韩国专利登记数量升至世界第四，仅次于美日德，在此基础上韩国技术集约性产业飞速发展，如21世纪初韩国的电子信息产业成为国家经济的主导。

进入21世纪以来韩国对产业结构实行差别化发展战略，政府着力扶持核心主导的传统产业，一般非主导的传统产业逐渐向周边国家转移，实现产业升级。发挥市场在服务业中的调节作用，使知识型服务业辅助制造业。政府大力鼓励和支持高新技术开发。2001—2005年5年内共投入近100亿美元重点支持对"5T"领域的技术发展。此外政府更是加大高级人才的培养力度，增强高等院校和科研院所在新技术领域的教学和研发力量，为韩国高新技术提供坚实的人才储备基础。韩国实行的产业政策和发展经验对我国产业结构调整和经济发展有很大借鉴作用。（1）产业结构调整应注意从低向高产业的循序渐进，避免出现重要产业的升级不畅和断层。（2）尊重市场的调节作用，形成合理的企业规模结构。尤其是大型企业的规模化和集团化发展更要遵循市场规律，同时不能忽视对中小企业的扶持力度。（3）鼓励和加大自主创新，加大对科技研发和技术创新的投入，并加强企业、高校和科研院所的联系，实现产学研一体化发展①。

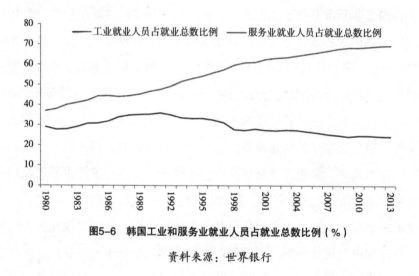

图5-6　韩国工业和服务业就业人员占就业总数比例（%）

资料来源：世界银行

四、产业结构演进与人力资本

各地区数据显示，除日本由于发展较快，初级人力资本和工业占GDP比例同时下降外，其余各国初级人力资本水平与工业存在显著负相关，即随着国家发展，初等教育比例下降以及中级人力资本水平不断提升，经济体的工业化水平逐渐提高，最为显著的是韩国和拉美，相关系数分别达到0.836和0.724。日本韩国随着高级人力资本不断提升，工业附加值占GDP比例逐渐下降。同样除日本外，各国随着高级人力资本的提升，工业附加值占GDP比例不断上升，最为显著的同样是韩国和拉美地区，相关系数分别为0.701和0.648。各地区服务业与初级人力资本之间存在明显负相关关系，即随着初级

---

①　刘澈:《人力资本的全球雇佣在产业升级中的作用》,《现代管理科学》,2016年第3期。

人力资本比例的下降，服务业附加值占GDP比重不断提高。与之相反，服务业占GDP比重与中级和高级人力资本存在显著正相关。其中高级人力资本与服务业占GDP比重相关性最强的是日本、中国、韩国，分别为0.902、0.913和0.887。在经济体赶超的过程中，需要更高的高级人力资本积累程度[1]。

表5-6 各地区工业和服务业占GDP比重与人力资本结构相关性分析

相关系数		日本	韩国	中国	东南亚	拉美
工业	初级人力资本	0.8696	−0.9185	−0.3994	−0.2277	−0.4768
	中级人力资本	−0.8790	0.8360	0.4871	0.4896	0.7024
	高级人力资本	−0.8304	0.7014	0.5268	0.4956	0.6481
服务业	初级人力资本	−0.9206	−0.7764	−0.9303	−0.4768	−0.8687
	中级人力资本	0.9230	0.2619	0.9364	0.7024	0.8952
	高级人力资本	0.9025	0.8870	0.9125	0.6481	0.7593

资料来源：EDStats

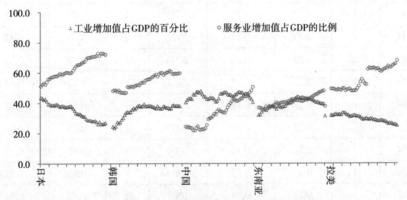

图5-7 1970—2014年各地区工业和服务业增加值占GDP比例

资料来源：EDStats

表5-7展示的是韩国的工业和服务业在提高人力资本水平和优化人力资本结构的过程中对日本劳动生产率的追赶。可以看出，相对于日本而言，20世纪80年代初韩国无论是工业还是服务业的劳动生产率都处在一个较低的水

---

① 陈润：《经济赶超中的人力资本因素——基于国际经验比较》，《云南财经大学学报》2017 年第 1 期，第 48—54 页。

平。自1980年至2013年，韩国工业大踏步发展，工业劳动生产率从0.16上升至0.73，增长了3.5倍，逐步追赶上日本。服务业生产率由0.25提升至0.39，增长了60%。因此，若从人力资本结构视角来看，增强教育支出尤其是提高高等教育在劳动力中的占比，对于劳动生产率提高具有拉动作用。基于这一认识，我们认为，无论是已赶超成功的发达国家，还是正处于工业化阶段的赶超中国家，对于经济体产业机构的优化和劳动生产率的提高均有裨益[1]。实际上，鉴于发展中国家高级人力资本占比过低，因此在扩大教育支出和提高人力资本水平方面有所强调更显得有必要[2]。

表5-7　韩国工业和服务业劳动生产率对日本的追赶

年份	日本	韩国工业	韩国服务业	年份	日本	韩国工业	韩国服务业
1980	1	0.16	0.25	1997	1	0.39	0.30
1981	1	0.17	0.25	1998	1	0.41	0.29
1982	1	0.18	0.25	1999	1	0.46	0.30
1983	1	0.21	0.26	2000	1	0.47	0.31
1984	1	0.23	0.27	2001	1	0.50	0.31
1985	1	0.22	0.26	2002	1	0.52	0.33
1986	1	0.23	0.27	2003	1	0.53	0.33
1987	1	0.23	0.28	2004	1	0.53	0.32
1988	1	0.23	0.29	2005	1	0.55	0.33
1989	1	0.22	0.29	2006	1	0.58	0.33
1990	1	0.23	0.29	2007	1	0.61	0.34
1991	1	0.24	0.29	2008	1	0.63	0.35
1992	1	0.26	0.29	2009	1	0.71	0.38
1993	1	0.29	0.29	2010	1	0.65	0.39
1994	1	0.33	0.29	2011	1	0.70	0.39

---

[1] 陈润：《经济赶超中的人力资本因素——基于国际经验比较》，《云南财经大学学报》，2017年第1期，第48-54页。

[2] 陈润：《经济赶超中的人力资本因素——基于国际经验比较》，《云南财经大学学报》2017年第1期，第48-54页。

年份	日本	韩国工业	韩国服务业	年份	日本	韩国工业	韩国服务业
1995	1	0.35	0.30	2012	1	0.72	0.38
1996	1	0.37	0.30	2013	1	0.73	0.39

说明：劳动生产率由工业和服务业附加值和从业人数的比值决定，其中设定日本的工业和服务业劳动生产率为基准1，得出韩国的工业和服务业劳动生产率相对值。

资料来源：根据EDStats、International Labor Organization整理计算得出

第四节　日韩经验对中国人力资本结构升级的启示

　　韩国和日本被认为是当今世界经济大国中突破贫困陷阱之后迅速成功跨越中等收入陷阱的典型范例。由图5-8可以看出，1966年日本人均GDP为1058美元，突破1000美元大关，随后6年间更是突飞猛进，至1972年人均GDP达到2917美元，接近3000美元，步入中等收入国家。又经过近10年的发展，于1983年人均GDP达到10214美元，突破人均万美元大关，随后又经过12年的发展，于1995年达到阶段性高峰，人均GDP达到42522美元，跻身世界最富裕国家。除了发展时间滞后之外，韩国可以说是紧跟日本发展的步伐，韩国跨越中等收入陷阱的轨道和模式和日本很相像，韩国人均GDP在1977年达到1105美元，首次突破千美元，经过近10年的发展，其人均GDP于1986年达到2906美元，接近3000美元，开始步入中等收入国家水平，又经过8年的发展人均GDP于1994年达到10275美元，超过10000美元。随后在亚洲金融危机受到打击，韩国连续几年出现经济负增长，步入21世纪以来重新恢复正增长，并开始迈向新的发展阶段，2015年其人均GDP达到27221美元，同样步入世界经济第一梯队的高等收入国家。在这期间，日本和韩国分别用了8年和10年的时间保持较高速的经济增长，成功进入高收入国家行列。伴随着经济高速增长，在此期间日本和韩国都选择了对人力资本的巨大投资和产业结构转向创新密集型转化。日韩经验启示我们，应重视人力资本在大国崛起过程中的关键作用，根据不同发展阶段有针对性地制定人力资本战略，同时注重人力资本对经济转型和产业升级的推动作用。本节将着重介绍日本和韩国这两个国家加

大教育投入以提升人力资本水平的政策，并将其突出提升至国家发展战略中的重要地位。

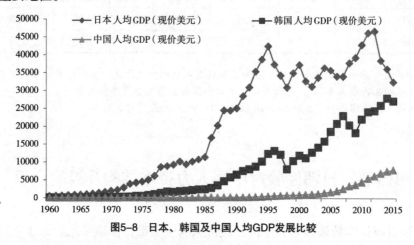

图5-8　日本、韩国及中国人均GDP发展比较

资料来源：世界银行

一、日本人力资本发展过程

日本在发展过程中，非常重视人力资本的投资和积累，人力资本战略积极服务于国家总体的发展规划，采取了"引进来"与"走出去"的人力资本政策，将人才的自我培养和国外引进作为追赶的突破口。其机会均等的教育理念、完善的企业内培训和职业教育体系，为日本经济在20世纪七八十年代的飞速发展，提供了充足的智力支持。

（一）日本明治维新时期人力资本发展

日本在明治维新时期开始学习欧美等发达国家在教育方面的先进经验和技术，通过实地考察、派遣留学生等手段发展本国人力资本，以缩小和发达国家的差距。自19世纪70年代开始，日本政府实行走出去战略，政府派出大臣以及留学生对欧美进行实地考察，并修改不平等条约。由日本大臣岩仓带队，对不平等条约和列强进行交涉。由于修改条约的请求无一例外地被对方强硬回绝，使节团遂将精力全部放在对西方的详细考察上，共耗时20个月，考察了美、英、法、德等12个国家。使节团的深度考察使日本认清了与西方的差距所在，加深了民族危机感，同时激发了努力学习西方文明的动力。同时吸引和高薪聘请其他先进工业国家优秀技术人才到日本进行教育培训，同时日本政府模仿欧美等国逐渐探索并建立起日本特色的现代教育体系。在明治维新之前，日本尚未形成相互衔接的、全国性的学校制度，但已经存在相当数量的地方诸侯举办的"藩校"和民间举办的私塾、乡学等教育机构，为发展现代教育奠定了较好的基础。

（二）经济起飞阶段人力资本发展

日本在战后着力加大对高等教育的支持和发展，经过近半个世纪的发展，日本高等教育发展水平从占比较低快速增长至20世纪初高等教育大众化阶段。自20世纪60年代至今，日本高等教育入学率的发展大约分为三个阶段（各为15年），如图5-9所示。第一个时期是"扩大期"（1960—1975年），日本的4年制大学升学率由60年代初的9%增长为70年代中后期的30%左右，完成了高级人力资本的原始积累。第二个时期是"停滞期"（1975—1990年），大学入学率出现停滞甚至有所降低[①]。由于上阶段大学入学率的激增，现有的社会就业岗位无法全部吸收急剧增多大学毕业生，因此日本政府减少私立大学的设立并对招生数量进行控制，同时这一阶段非大学高等教育机构（比如专修学校）快速发展。第三个时期是"再扩大期"（1990—2005年），高等教育升学率重新又开始提升。在此期间大学就学率从30%左右上升到60%，并有继续上升的趋势，实现了高等教育的大众化阶段。日本高等教育升学率大约以15年为周期而变化表明，高等教育比例提升不只是经济高速增长的直接结果，同时更受政治文化等要素的影响[②]。20世纪90年代以后，日本的研究生教育迅速发展，20世纪末日本研究生在校生达到20万人左右。一般而言，当高等教育的入学率达到15%至25%时，可以认为一个国家实现了高等教育大众化。有这个标准推断，日本是在20世纪70年代便已经进入了高等教育大众化阶段，其高等教育入学率，1971年为17.6%，1981年上升至31%，平均每年的增长幅度达到1.5个百分

---

① 金子元久：《日本高等教育大众化的经验与启示》，《教育发展研究》，2007年第2期，第59-61页。

② 陈润：《经济赶超中的人力资本因素——基于国际经验比较》，《云南财经大学学报》，2017年第1期，第48-54页。

点，1980年后，日本高等教育的入学率依然约为30%。20世纪60年代日本正是由于国民教育体系的完善和国民较高的受教育水平，才能实现经济的飞速增长。同时20世纪90年代以来日本成功实现跨越跻身世界上最富裕的发达国家，无疑与其政府在立法和加大教育支出等方面的主导作用，并以此完成高级人力资本积累密切相关[①]。

日本同样加强企业内部培训对人力资本的提升作用。日本产业结构演进随着高级人力资本的快速提高不断优化，第一产业在国民经济中的占比不断降低，工业化初具规模，服务业飞速发展也为日本的人力资本发展提供了产业基础和劳动力市场。与此同时，日本除了从正规教育方面加快人力资本提升之外，企业内部的在职培训同样得到大幅提高。日本所有企业都有内部培训机制来提高工人的干中学，企业内部员工培训已经成为日本企业在经营管理中不可或缺的重要角色。此外政府通过制定法律来保证职业教育和企业内部在职培训等非正规教育的发展。中央和地方分别开设各种级别的资格考试制度，从法制和社会认同度等方面提升企业内部培训在国民教育体系以及国民心目中的地位。

图5-9 日本高等教育入学率变化（1955—2013年）

资料来源：日本文部省各年度《学校基本调查》

[①] 陈润：《经济赶超中的人力资本因素——基于国际经验比较》，《云南财经大学学报》，2017年第1期，第48-54页。

另外，从日本政府的教育投入水平来看，教育投入经费占GDP比例一直保持较高的水平，尤其是在1970年至1990年的20年期间，平均教育投入占GDP的比例平均可以达到4.8%，最高时为1987年达到5.6%。在1973年，日本进入中等收入阶段时，教育支出占GDP的比例就已经达到了4.1%，1983年，当日本进入中等收入国家之后，从本书可以看到，其人力资本投资依然达到4.9%。最重要的是日本在经济飞速增长的同时，非常重视技术的创新和对研发的大量投入。

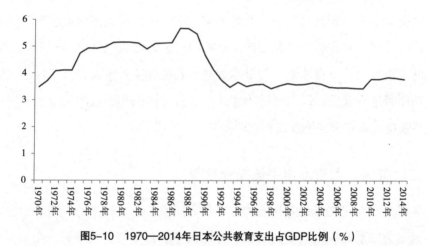

图5-10　1970—2014年日本公共教育支出占GDP比例（%）

从1994年开始，日本开始向高科技和信息产业进军，从过去的模仿和改良的"引进来"发展模式，走向自主研发的道路。日本通过大力提高科技研发的投入，目前日本R&D的经费支出占GDP比例已经超越欧美等发达国家。在技术创新和基础学科研究方面改变了过去进口替代的方式，科技领域人才和成果取得了空前的发展。进入21世纪以来，基本每年都有日本学者获得诺贝尔奖，日本在高精尖技术和科研方面已经完全超越英法德等国家，甚至可以和美国媲美。联合国统计数据表明，日本的每一百万人中有994项专利，居世界第一位，有科学家和工程师4960人，居世界第二位。进入21世纪以来，日本经济面临长期不振的态势，由此日本政府提出"新经济增长战略"，该战略明确表明日本长期发展的根源就是人才质量的提升，并提出要吸引全世界的人才。

（三）日本人力资本发展对中国的启示

通过考察日本在不同时期的教育方针可以发现，日本根据经济发展的需求超前对教育进行改革和注重提高国民的教育水平。在工业革命化起步阶段，日本政府严格实行义务教育制度，通过各种严刑峻法和优惠条件软硬兼施提高日本适龄儿童的入学率，经过十几年的发展日本初等教育入学率为亚洲最高；当进入工业化阶段，日本的教育逐渐转向打造一批高素质的企业员工为制造业的发展提供人才支持，通过企业内部培训和再教育等干中学手段，日本人力资本水平开始赶超欧美等老牌资本主义国家，使整体教育水平达到了世界前列水平。而在后工业化时代，日本则更多地强调国际化、多元化和终身化的发展方向，不仅注重人力资本数量上的提升同时也大力提高教育的质量，期望通过高素质、高水平的人才队伍来激发国民和企业的创造性，依靠发展高新技术来克服经济发展长期的停滞。

二、韩国人力资本水平的提升过程

韩国自20世纪70年代起从人均工资贫穷国家，经过30年的发展，20世纪末一跃成为享受高收入的发达国家，并加入经济合作与发展组织。在不到30年的时间内，韩国人均工资增加了10倍，从不足1美元／小时上升至10美元／小时。韩国的教育回报率的快速升高，使得大量低工资、低技能的低端劳动力经过教育培训、干中学等途径快速转向熟练、高生产率和服务型行业。虽然韩国政府采取了各种经济发展的政策提升经济增长速度，但毫无疑问，鼓励教育，提高教育支出，提升人力资本的政策是一个非常重要的方面。韩国在劳动力方面从低端向高端的成功转移，在很大程度上是由其政府教育体制和政策所决定的。韩国成年劳动力中几乎所有人都拥有高中教育学历水平（高中入学率超过80%，其余劳动者虽无正式高中学历，但也通过夜校和所在公司的周末培训接受了高中学历教育）。值得一提的是，韩国的中等阶段教育（初级中学和高级中学）无论在质量和数量上，农村和城市之间几乎不存在任何差异，区域和城乡教育不平等的情况在韩国几乎不存在。可以说在城乡教育差距这个问题的解决上，韩国走在世界前列。韩国政府大力提高教育投入，鼓励调动企业和其他社会机构开办各类教育，大力发展职业教育以及鼓励产学研相结合等一系列支持和鼓励教育措施（具体可以概括为：多元化教育办学体制、以社会需求为导向的教育先行观念和广开办学筹资渠道）。韩国在20世纪90年代小学入学率就已经达到90%；大学入学率从1975年的10%提高到1995年的50%，20年间增长了4倍，截至2015年韩国高等教育入学率已经达到66%，比很多西欧国家高出很多，位于世界前列[①]。

韩国是后发国家追赶先进经济体的典型代表，韩国在建国之初教育基础非常薄弱，12岁以上的人口识字率不到20%，全国只有3所公立幼儿园，小学的入学率只有64%，在韩国政府的大力支持下，韩国教育经过几十年的发展，20世纪70年代初期韩国的初等教育入学率就已达到100%，从1980年到1990年，高中入学率从50%提高到了80%，大学入学率也从10%提高到50%。根据Barro-Lee的数据，韩国25岁至64岁劳动人口的平均受教育年限为11.5年，根据本书的测算，现在韩国的人均人力资本超越所有的发达国家，位列世界第一，1995年韩国人均国民收入达到10275美元，突破1万美元大关。从1960年到亚洲金融危机前，韩国一直以平均每年8%的速度增长。1996年，韩国成功加入OECD组织，通过依靠快速发展教育和在世界经济格局变动中不断调整产业结构，顺利实现产业演进的梯度升级，韩国成功实现经济的赶超，顺利步入高收入国家行列。从教育的发展历程来看，韩国之所以能够在短时间内，从一个教育资源稀缺、教育基础薄弱的国家快速成为一个人力资本大国，在于韩国政府一直采取加大教育投入以及通过鼓励社会力量加大教育投资，大范围普及各级教育。并且韩国在经济发展的基础上，抓住机遇，不断加大对员工企业培训和职业教育的鼓励扶持力度，使得韩国高校、企业和科研院所密切联系，产学研结合的成功经验和政策是诸多国家的光辉典范。

[①] 陈润：《经济赶超中的人力资本因素——基于国际经验比较》，《云南财经大学学报》，2017年第1期，第48-54页。

韩国从20世纪中期开始不断加大政府的教育经费投入，基本上保持在4%以上，1984年更是超过了6%，而且该年包括社会资金的总共教育投入达到了13.3%，是日本的近两倍，近十年，如果加上社会教育的投入，那么，韩国教育经费占到GDP的比例高达7%，这一比例在所有新兴工业化国家中是最高的。而且从20世纪60年代开始韩国全社会教育经费投入的增长率就始终高于GDP。韩国鼓励社会资本进入教育领域投资，为各级教育经费的高速增长扩展来源，这也是韩国教育经费能够持续高速增长的一大原因。从数据中可以得出韩国的社会资金教育投资占总教育投资的一半，特别是高等教育基本上是以私人和社会投资为主，这一点和美国的教育体系很像，不过韩国的私人教育占GDP的比例远超欧美等国，韩国在OECD国家中私人投入这方面的指标和数据比例是最高的，私人领域尤其是对高等教育更加支持，其非政府投入占到83%。正是因为充足的教育经费投入，韩国的高等教育取得了飞速的发展，20世纪末韩国人均教育经费到了1092美元。韩国的大型企业都是教育和研发的主要投资者，如现代、三星、大宇等企业。可以说，韩国私立教育的大力发展在提高全民教育水平和补充公共教育投入、推动教育的全民化以及实现国家的强大方面起到了举足轻重的作用。

三、中国人力资本发展

新中国成立之初中国高等教育事业基础非常薄弱，比许多第三世界的国家都要低很多，这源于中国人口基数众多，高等教育事业发展缓慢，再加上国家刚从战后的阴影中摆脱出来，尤其是国家尚未解决温饱问题，虽然国家也提出重视人才和发展的方针政策，但人力资本的培养和发展始终处于非重要的地位。在建设社会主义的探索时期我国人力资本也取得了一定的成绩。但随之而来的"文化大革命"使得前期取得的成就毁于一旦，"文革"期间由于取消了高考，大部分高校停止招生，国家号召知识青年上山下乡接受贫下中农再教育，此阶段我国人力资本发展几乎处于停滞状态。虽然取消了高考，但是仍然有部分大学在招生，主要是工农兵大学生。1971年我国高等学校逐步举办试办班，由于废除招生，因此这部分招生的程序是"自愿报名，群众推荐，领导批准，学校复审"，工农兵大学生由此出现，大学生并不通过高考，而是直接从广大工人、农民和士兵中推荐。由于"走后门"的风气盛行，被举荐上大学的新生70%以上是干部子女或具有一定的政治背景，这种选拔和举荐制度给国家人才培养造成重大损失，严重干扰了优秀青年的选拔工作。由于选拔制讲究学生成分，而非其具备科学知识的素养，造成大学入学新生的文化程度参差不齐，同时大学本科受教育年限大大缩短，由四年制缩短为两到三年制，一些高校教授甚至抱怨大学生水平不如高中生。十年"文革"期间我国各省高等院校共计招生94万余名工农兵大学生，直至1977年国家重新恢复高考。

改革开放之后，我国各级教育开始重新发展，学校教育重新得到重视，高等院校开始重新招生。十一届三中全会制定了"教育要面向现代化，面向世界，面向未来"的方针，国家逐步重视人才在经济社会中的主导作用，相继提出"科教兴国战略""科学技术是第一生产力""21世纪人才最重要"等政策方针，提出经济的发展要依靠科技进步。国家通过自上而下的改革，大力实施科教兴国战略，推动我国教育事业的发展，深化教育体制改革，并提出素质教育的要求，形成以国家财政支出为主、多种渠道筹措教育经费的新体制。在国家大力支持下，我国高等教育实现了突飞猛进的发展势头。相对于东南亚和拉美地区国家，中国具备充足的中级人力资本，即中国的中学受教育人数比例大幅提升，这也是发展高等教育事业和提升高级人力资本所占比例的基础；但相对于日韩等成功赶超的国家，过于饱和的中级人力资本难以继续升级为高级人力资本，这将阻碍中国产业结构升级和生产效率的提升。由于人力资本结构和产业结构升级之间存在相继规律，因此即使目前转变调整人力资本的结构比例，到此项人力资本深化的改革措施发生作用时，至少需要15~20年的时间[①]。

政府扩大教育支出本质上是提升人力资本最重要的手段，人力资本积累又能推动经济体快速增长。尤其是提高对高等教育的支出，培养一定规模化的高级人力资本，不仅对一国（或地区）经济快速增长起着重要作用，同时会对优化产业结构升级以及提高全要素生产率等优化经济结构和提升效率方面带来积极影响[②]。根据图5-11所示，我国各级教育生均公共财政预算事业费在2005年之前的增长比较缓慢，尤其是高等教育生均公共财政预算事业费在2000—2005年反而出现下降情况，这是由于高校扩招，但公共教育支出的增长速度并没有同比例跟上造成的。自2005年以后各级生均公共财政预算教育事业费开始快速增长，这反映政府逐渐加大对各级教育投入，2006年国家修订《义务教育法》规定"实施义务教育，不收学费、杂费"，随即先后取消了农村和城市地区的义务教育阶段的学杂费[③]。

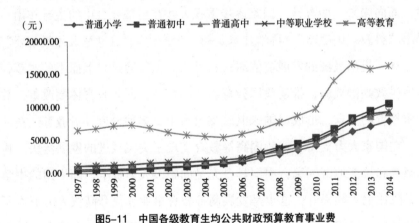

图5-11 中国各级教育生均公共财政预算教育事业费

资料来源：国家统计局

① 陈润：《经济赶超中的人力资本因素——基于国际经验比较》，《云南财经大学学报》，2017年第1期，第48-54页。
② Barro & Lee（1993），"Internantional comparisions of educational attainment"，Journal of Monetary Economics 32（3）:363-394.
③ 陈润：《经济赶超中的人力资本因素——基于国际经验比较》，《云南财经大学学报》，2017年第1期，第48-54页。

　　与此同时，中国公共教育经费占GDP比重不断提升。如表5-8所示，改革开放之后公共教育经费有了明显的进步，但仍显不足，2000年之前中国公共教育经费占GDP比重长期徘徊在2%以下，2005年之后加速增长，2012年达到世界发展中国家4%的基础线，但与国际平均4.5%以及发达国家6.5%的水平还有很大距离。为实现经济持续增长动力机制的转换，实现产业结构的优化和价值链的提升，必须加大教育投入尤其是对高等教育的支出，实现人力资本的梯度升级，提高高级人力资本的积累，并与创新融合，为中国经济增长培育新的动力[①]。

表5-8　中国公共教育经费占GDP比重

年份	占比（%）	年份	占比（%）	年份	占比（%）
1971	1.406	1986	2.075	2001	2.757
1972	1.627	1987	1.815	2002	2.868
1973	1.672	1988	1.773	2003	2.802
1974	1.785	1989	1.798	2004	2.759
1975	1.733	1990	1.743	2005	2.755
1976	1.844	1991	1.728	2006	2.893
1977	1.776	1992	1.662	2007	3.064
1978	1.974	1993	1.665	2008	3.270
1979	2.165	1994	1.993	2009	3.504
1980	1.927	1995	1.848	2010	3.552
1981	1.964	1996	1.860	2011	3.799
1982	2.050	1997	1.864	2012	4.284
1983	2.093	1998	1.851	2013	4.114
1984	2.013	1999	1.896	2014	4.103
1985	2.021	2000	2.555		

资料来源：EDStats，国家统计局（由于数据可得性，1971—1999年数据来源于世界银行，2000—2014年数据来源于国家统计局）

---

① 陈润：《经济赶超中的人力资本因素——基于国际经验比较》，《云南财经大学学报》，2017年第1期，第48-54页。

随着我国"人口红利"的消失，劳动力人口占总人口的比例不断降低，根据世界劳工组织的数据，我国16岁以上就业人员占总人口比重在2000年为74%，此后不断下降，据其估计，在2020年左右将下降为66.2%。此指标不断下降，反映了我国人口老龄化的现象日趋明显。相对于世界平均水平，我国16岁以上就业人员占总人口比重还比较高，据此数据来看我国在2020年左右将接近中高收入国家的水平。劳动力就业人员占总人口比重的不断降低对我国人力资本水平的提升提出了更为迫切的需求。

表5-9　16岁以上就业人员占总人口比重（%）

年份	高收入国家	中高收入国家	中低收入国家	低收入国家	世界平均	中国
2000	60.6	71.0	61.0	77.2	65.3	74.0
2001	60.3	70.5	61.1	77.4	65.2	73.2
2002	60.3	70.0	61.0	77.6	65.0	72.6
2003	60.3	69.3	61.2	77.7	64.8	71.8
2004	60.5	68.8	61.3	77.8	64.7	71.0
2005	60.7	68.4	61.4	77.8	64.7	70.5
2006	60.8	68.0	60.9	77.8	64.4	69.9
2007	61.0	67.7	60.3	77.8	64.1	69.6
2008	61.1	67.4	59.8	77.7	63.9	68.7
2009	60.9	67.0	59.3	77.7	63.5	68.2
2010	60.7	66.6	58.9	77.7	63.2	67.9
2011	60.6	66.5	58.6	77.5	63.0	67.8
2012	60.7	66.6	58.3	77.1	62.9	67.8
2013	60.6	66.6	58.2	77.0	62.9	67.7
2014	60.6	66.6	58.2	76.9	62.9	67.7
2015	60.5	66.6	58.2	76.9	62.9	67.6
2016	60.4	66.4	58.3	76.9	62.8	67.5
2017	60.3	66.3	58.3	76.9	62.8	67.2
2018	60.1	66.1	58.4	76.9	62.7	66.9
2019	60.0	65.8	58.4	76.9	62.6	66.6
2020	59.8	65.6	58.4	77.0	62.5	66.2

资料来源：国际劳工组织

　　中国人力资本结构面临的主要问题是初级人力资本增长减缓，这与前期计划生育政策过紧，新生儿比例大幅下降密切相关。相对于东南亚和拉美地区国家，中国具备充足的中级人力资本，同时这也是提升高级人力资本比例的基础；但相对于日韩等成功赶超的国家，我国短期内难以依靠高等教育的大规模"扩招"来实现，这将阻碍中国产业结构升级和生产效率的提升。由于人力资本结构和产业结构升级之间存在相继规律，因此即使目前转变调整人力资本的结构比例，到此项人力资本深化的改革措施发生作用时，至少需要15～20年的时间[1]。

---

① 中国经济增长课题组：《中国经济增长的低效率冲击与减速治理》，《经济研究》，2014 年第 12 期，第 4-17 页。

第六章　结论与政策建议

第一节　主要结论

关于中国经济保持多年高增长逐渐开始走向放缓，诸多学者从人力资本存量的角度来解释经济增长以及分析区域差异，也得到了学界的肯定。由于潜在工作量较大、数据可获得性、人口流动扰动、技术处理困难以及可行的参数估计等情况，给中国总体人力资本估算造成了一定困难，我国在全面系统估算人力资本方面尚未达成统一共识。不同设定方法会对人力资本存量的度量产生很大影响，这会导致在经验应用中产生不一致的结果，并因此在人力资本对经济增长的重要性这一关键问题上产生有分歧的结论。教育作为积累人力资本的一种手段，全面的人力资本设定方法应该考虑人们用于改善其生产率的其他所有投资。除正式教育外，这些投资应包括非正式教育、在职培训所获得的技能、通过"干中学"所获的经验。此外，医疗保健、营养、工作条件的改善也应看作健康的投资。有些经济学家也对此提出了一些批评，他们认为人力资本理论存在一些理论上和计量上的缺陷。不论是理论和实际测算结果一般都经常存在夸大人力资本的估计结果。比如，用成本法进行人力资本投资测算时，个人或家庭所耗费的机会成本、时间成本、风险成本等是难以计量的。另外人力资本是依附人本身而存在的，而人的生产能力发挥受个人思想情感、生活经历、社会环境等很多方面的影响。教育是社会发展的一个重要方面，除了在狭义上对人力资本产生作用，能够促进生产能力的提高之外，对更加广泛意义上的生活价值和个人自我提升上也具有深远意义。人力资本本身不仅可以在经济活动中产生作用，就像阿玛蒂亚森把发展理解为扩大自由的广义概念上，经济增长本身并非最终目的，提升人们的自由手段和生活价值便超出了人力资本本身的作用[①]。

本书通过对人力资本理论进行系统阐述，对关于人力资本的测算方法和应用进行评价和总结。通过三种方法估算出中国人力资本存量，对测算结果加以分析和比较。利用三种方法得出人力资本结合我国资本存量和劳动等数据，采用理论和实证两方面的研究人力资本与我国经济增长的关系，解释三种方法对经济增长的效应。另外通过对OECD和其他经济大国的人力资本测算，利用测算结果对人力资本与经济增长的效应研究进行跨国比较。

本书第二章通过收入法、成本法和教育成果法这三种方法估算出中国人力资本存量。从收入法上看，以1990年价格计算，1978年我国人力资本存量为78521亿元（人均8157元），至2015年，我国人力资本存量为201万亿元（人均14.66万元），总人力资本共增长近30倍（人均近20倍）。我国人力资本存量增速出现先升高再回落再升高的"U"形现象。从成本法来看，以1990年不变价格计算，我国1980年人力资本总投资为614亿元，到2015年上升为27981亿元，35年间平均每年增长11.46%。人力资本投资主要由教育经费和健康投入组成，二者之和占到总人力资本投资的近80%。科研支出和人口迁移占比不高。从受教育年限上来看，2015年全国受教育总年限为43927万年，1990—2015年25年间，全国受教育总年限共增长196%，年均增长4.4%；其中大学本科及以上受教育总年限共增长1072%，年均增长10.3%。根据主成分分析法计算的2015年我国教育总指数全国标准化得分为35.37分，教育总指数最高的前

---

① 陈润：《劳动分工、专业化人力资本和收益递增——经济增长理论的研究综述》，中国社会科学院研究生院硕士学位论文，2013年6月。

五名为北京、上海、天津、浙江和江苏，教育总指数最低的五个省份为吉林、河北、广西、四川和云南。从地域来看，教育总指数得分东部省份分数明显高于中西部省份，中部和西部省份得分差别并不是太大。

本书第三章根据第二章的测算结果，结合中国现实情况，构建适合中国的人力资本测算模型，并得出的估算结果。模型1和模型2（人力资本 $H1$ 和 $H2$ 分别为收入法和成本法计算的货币价值计量人力资本）能更好反映各生产要素在经济增长中的作用。其中模型1中 K，$H1$ 和 L 的产出弹性分别为0.719，0.231和0.068，因为模型把人力资本从劳动中分离出来，因此造成 L 的产出弹性较低。模型2中 K，$H2$ 和 L 的产出弹性分别为0.732，0.131和0.137。模型3（受教育年限）中 K，$H3$ 和 L 的产出弹性分别为0.696，0.396和−0.092，模型3劳动的产出弹性出现负值情况，说明此模型忽视了劳动的作用，一个解释原因是受教育年限代表的人力资本 $H3$ 在模型中起的作用较大，人力资本和劳动合计的产出弹性为0.304。在3个模型中物质资本的产出弹性差别不大，介于0.7～0.75之间，另一个特点是劳动 L 的产出弹性较低，其在经济增长中发挥的作用比较有限。模型1在整个样本期1978—2015年间 K、$H1$ 和 L 的产出贡献分别为71.7%、21.2%和1.3%，对经济增长的贡献率分别为74.18%、21.89%和1.26%，K 和 $H1$ 合计为96.07%，TFP 为2.67%。模型1中各生产要素 K、$H1$ 和 L 在三个分时期中波动并不太大。模型2在整个样本期1980—2015年间 K、$H2$ 和 L 的产出贡献分别为7.41%、1.51%和0.24%，对经济增长的贡献率分别为75.24%、15.34%和2.42%，TFP 为7%。模型3在整个样本期1990—2015年间 K、$H3$ 和 L 的产出贡献分别为7.60%、1.76%和−0.07%，对经济增长的贡献率分别为70.7%、14.21%和−1.49%，K 和 $H3$ 合计的要素贡献率为84.91%，TFP 为16.58%。

根据误差修正模型，模型1和模型2表明物质资本存量和人力资本对经济增长都有正向作用，且人力资本对经济增长拉动的长期效应大于其短期效应，而物质资本正好相反，对经济增长的短期拉动作用远远高于其长期效应。从模型1来看，K 对我国短期经济增长存在显著的正效应，资本存量的短期弹性为正（1.923），长期弹性同样为正（0.285），K 的长期效应远远小于其短期效应。人力资本$H1$的短期弹性为正（0.177），但没有通过显著性检验，人力资本存量在短期内其对经济增长的拉动能力是十分有限的。人力资本$H1$的长期弹性为0.6988，且非常显著，表明人力资本对我国长期经济增长中所起的作用是巨大的。从模型2来看，K的短期弹性为正（2.033），且具有明显显著性。K的长期弹性同样为正（0.221）。人力资本$H2$的短期弹性为正（0.209），且在1%水平上显著。人力资本$H2$的长期弹性为0.526，且非常显著，表明人力资本存量每增加1个百分点，会拉动我国GDP增长0.526个百分点。

在人力资本的国际比较中，本书计算出OECD国家以及陷入中等收入陷阱国家的人力资本存量。估算结果表明，2010年全球高级人力资本总量排名前十的国家依次是美国、中国、俄罗斯、印度、日本、韩国、巴西、墨西哥、德国和英国，其中2010年中国人力资本总量为美国的69%。自1950—2010年60年间，人力资本总量增长最快的是韩国，共增长165倍，年均增长8.9%，其次是墨西哥、巴西、中国和印度，60年间增长66倍、56倍、50倍和45倍，年均分别增长7.2%、6.9%、6.7%和6.6%。按人均计算，2010年全球人均高级人力资本排名前十的国家依次是韩国、爱尔兰、美国、希腊、加拿大、俄罗斯、以色列、日本、澳大利亚和卢森堡。其中2010年中国人均人力资本为179，仅为韩国的15.7%，美国的20.7%，日本的26.8%。自1950—2010年60年间，人均人力资本增长最快的是韩国，中国的人均人力资本60年间共增长14倍，年均增长4.4%。

第二节 中国人力资本的问题和政策建议

一、中国人力资本存在的问题

改革开放至今，中国在教育投资发展上取得了重大的成绩，义务教育在中国基本普及，九年义务制教育的入学率保持在很高的水平。近十来年，随着我国高校教育的大众化，我国科技人才和研发人员总量规模已经居世界首位，且增长迅速，我国已发展成国际人力资本的大国。但由于我国人口基数大，巨大的规模效应不能说明我国是一个人力资本强国。虽然我国大学经过扩招，入学率和毕业生人数快速增长，但毕业生从事真正的技术研发、设计、创新等领域的工作却相对较少。从世界银行统计的每百万人口中从事R&D的人员数量来算，中国远低于美、日、韩等发达国家。我国研发投入总费用虽然已经有了不小进步，但中国的研发投入占GDP的比例距离发达国家仍有不小差距，从1996年的0.57%上升到2013年的2.1%，仅为日本的1/2，不到韩国的一半。我国教育事业的跨越式发展尤其是高等教育的突飞猛进使我国人力资本水平得到明显提升。但我国人力资本积累在发展的过程中也存在很多问题：

（一）我国人力资本存在明显的城乡差异

从我国人力资本总量的城乡差异来看，1978年农村人力资本存量同样远高于城市人力资本总量。改革开放初期，我国城市化进程尚未起步，八成以上的人口居住于农村。随着社会经济的发展和人口逐渐向城市迁移，1992年城市人力资本总量和农村人力资本总量相互持平。截至2015年，我国城市人力资本总量达到156万亿元，是农村人力资本总量的三倍多，反映了我国城化进程的快速发展和城乡人力资本发展的差距。改革开放之初，以1990年不变价计，截至2015年，我国城市人均人力资本达到203110元，而农村仅为74367元，城市人均资本为农村的近3倍，城乡在人力资本方面的发展差距越来越大。

由于我国存在明显的城乡二元结构，农村地区大多是从事传统部门的低级人力资本，农村人力资本存在劳动同质简单、科技和知识含量低且人力资本形成以及交易费用高等劣势。相比较城市，我国农村天然落后，由于城乡发展规律等作用影响，二者在形成机制和发展方面存在客观明显差异。再加上农村向城市间的人力资本流动，尤其是农村中具备一定知识和技能的学生和技术人员，较为优秀的农村子弟通过身份改变走向城市，当这种行为变为巨大的社会潮流，对我国城乡人力资本的影响起到不可估量的作用，这进一步加大了城乡之间的差距。尤其是我国在公共服务方面存在难以弥补的城乡差距，农村劳动力较少有机会获得教育资源，从而只能进入人力资本水平要求较低的二级市场并获取较低的工资水平。而城镇劳动力则受益于城市部门较高的人均教育投资水平从而能够通过教育提高自身的人力资本，并进入城镇一级市场，其工资水平和各项福利待遇也明显高于农村劳动力。另外城乡户籍也是造成收入存在差异的原因之一。农村劳动力在城镇部门往往以"农民工"的身份提供劳动，其工资水平通常低于同种劳动的城镇劳动力。虽然户籍制度改革在持续进行，农村人口获得城镇户口的难度有所下降，但户籍差异所造成的城乡劳动力工资和福利待遇的差距仍然较为明显。

（二）我国人力资本在地区和性别分布上不平衡

我国人力资本的地区差距较为明显，从本书第三章第三节中测算的受教育年限可以看出，我国各地区受教育年限表现出地区发展不平衡和性别发展不平衡两个明显特点。平均受教育年限与各地经济发展水平密切相关，其中东部地区高于中部地区高于西部地区。2015年我国全国平均受教育年限为12.7年，其中北京平均受教育年限为21年，排在第一位；其次是上海和天津，分别是17.3年和15.9年。平均受教育年限最低的三个地区是贵州、青海和西藏，其平均受教育年限分别为10.2年、10.1年和6.9年。从性别构成的角度方面分析，可以明显看出我国各省份男性平均受教育年限明显不同程度地高于女性。从全国范围来看，男性平均受教育年限程度高于女性1.1年，人均受教育程度的性别间差异最大的三个省份是安徽、福建和江西，其男性平均受教育年限分别高于女性2.1年、1.8年和1.7年，差异最小的三个省份是黑龙江、新疆和天津，其男性平均受教育年限分别高于女性0.3年、0.2年和–0.2年。

根据主成分分析法计算的总得分可以看出：教育总指数全国标准化得分为35.37分，教育总指数最高的前五名为北京、上海、天津、浙江和江苏五个省份，具体标准化得分分别为100分、90.97分、84.92分、74.94分和73.93分，教育总指数最低的五个省份为吉林、河北、广西、四川和云南，具体标准化得分分别为61.27分、61.03分、60.15分、60.02分和60分。从地域来看，教育总指数得分东部省份分数明显高于中西部省份，原因在于东部无论从受教育年限，还是人均教育质量抑或是教育设施等相关投入都明显高于中西部。

（三）行业、所有制内部存在人力资本不平衡

劳动人口的行业配置受到产业结构和发展阶段的影响，劳动人口从第一产业向第二、三产业的转移，是结构变迁过程中的重要表现。目前中国与发达国家在劳动人口行业分布结构上存在明显差异。中国农业劳动人口仍比较大，制造业和低端服务业的就业比重比较高。第二产业资本密集型行业中劳动力平均受教育年限高于劳动密集型行业。第三产业技术密集型行业中平均受教育年限为13.3年，且大部分具有专科以上的学历，占到57.4%，而劳动密集型行业劳动力只有9.6年，一半是初中文化程度。现代服务业中我国批发零售、住宿餐饮业、金融业、租赁商务、医疗卫生、公共管理和社会组织等就业比例远低于发达国家，中国的服务业存在一定程度的低端化倾向。随着未来经济发展和产业结构的变迁，要求我国人力资本水平不断提高。

囿于中国的户籍、体制内外、所有制等因素，我国人力资本在自由流动方面受到较大阻碍。另外由于体制改革不足和传统文化等因素，中国大部分的高学历人才集中在高校、科研院所和机关，即知识部门事业单位和公务系统，高端人才源源不断涌入，造成供给过剩，不利于我国的人力资本效用的发挥。这表现在一方面，人力资本在体制内外，就业性质等方面分布不合理，配置效率不高，"好钢"大多时候并没有用在"刀刃"上；另一方面国内体制人才激励不够，阻碍了人才的合理流动。由于收入以及福利待遇等原因，民营企业员工缺乏激励致使其创新能力发挥不畅，而体制内的人才同样由于体制障碍，其人才的最优配置和流动没有得到有效发挥。另外单从企业角度来看，由于国有、集体和私营等所有制成分的差异，我国劳动力市场存在严重

的所有制分割。国有和民营企业在工资收入、福利待遇和用工方式等方面均存在显著差异，国有企业部门工资水平远高于劳动要素的边际产出，而私营企业工资水平却低于劳动的边际产出，人力资本回报率在不同所有制部门存在明显差异。

（四）我国人力资本回报率较低

改革开放之后，我国经济以平均9%以上的速度增长，但与此同时，我国人力资本回报率并没有出现明显的上升。由于我国高等教育快速增长，中国的人力资本有了极大的提升，但大量高学历的人员在收入上并没有与经济增长速度相匹配，另外由于物质资本（房地产与其他资产收益型太高）收益远远超过人力资本的回报率，这将导致对于正规教育的负向激励，影响人们未来在人力资本方面的支出费用。

（五）教育水平较低、中级人力资本积累过高

中国人力资本结构面临的主要问题是初级人力资本增长减缓，这与前期计划生育政策过紧，新生儿比例大幅下降密切相关，这一趋势在很长的一段时间内难以有效缓解。中级人力资本过于饱和，其向高级人力资本升级过程不够通畅，而高级人力资本比例过低[①]。相对于日韩等成功赶超的国家，过于饱和的人力资本难以继续升级为高级人力资本，由于中国人口过大，短时间内难以实现高级人力资本数量和比例的双重提高，这也将阻碍中国产业结构升级和生产效率的提升[②]。由于人力资本结构和产业结构升级之间存在相继规律，因此即使目前转变调整人力资本的结构比例，到此项人力资本深化的改革措施发生作用时，至少需要15~20年的时间[③]。按照教育程度把各产业劳动

---

① 袁富华、张平、陆明涛：《长期经济增长过程中的人力资本结构》，《经济学动态》，2015年第5期，第12—21页。

② 中国经济增长课题组：《中国经济增长的低效率冲击与减速治理》，《经济研究》，2014年第12期，第4—17页。

③ 陈润：《经济赶超中的人力资本因素——基于国际经验比较》，《云南财经大学学报》，2017年第1期，第48—54页。

者受教育比例进行区分可以看到，虽然中国GDP中的劳动份额在逐渐上升，但离美国仍有较大差距。中国的高等教育劳动者在标准劳动时间和占劳动报酬的比例上，与发达国家相比仍有不小的差距。由于中国的初中及以下劳动者的比例仍然太大，这意味着中国劳动者的教育水平还有非常大的提高空间，无论是高等教育还是高中及中职教育，都有很大的提高潜力。

（六）社会人口日趋老龄化

一方面，我国长期以来推行的计划生育政策使得多数家庭只有独生子女，我国适龄劳动力的供给能力受到了较大限制，为劳动力价格的上升形成助推力。另一方面，人口老龄化程度加深，老年抚养比逐年上升，且带来总抚养成本的上升。由于过去几十年我国出生率大幅降低，劳动力人口占总人口的比例不断降低。根据世界劳工组织的数据，我国16岁以上就业人员占总人口比重在2000年为74%，此后不断下降，据估计，在2020年左右将下降为66.2%。此指标不断下降，反映了我国人口老龄化的现象日趋明显。相对于世界平均水平，我国16岁以上就业人员占总人口比重还比较高，据此数据来看我国在2020年左右将接近中高收入国家的水平。但由于我国人口基数大，老龄化趋势几乎不可通过短期内放开二胎等政策扭转，人口老龄化社会的到来将给我国经济带来巨大的压力和负担。劳动力就业人员占总人口比重的不断降低对我国人力资本水平的提升提出了更为迫切的需求。

二、提升中国人力资本的政策建议

正是因为我国的人力资本发展中存在的诸多问题，本书必须要吸取先进国家人力资本发展战略中的经验和教训，把我国从一个人口大国、教育大国提升为人力资本强国，探索一条适合中国实际情况的人力资本升级道路。

（一）继续扩大教育投入

政府扩大教育支出是提升人力资本最重要的手段。我国各级教育生均公共财政预算事业费在2005年之前的增长比较缓慢，以后各级生均公共财政预算教育事业费开始快速增长。2006年以后我国先后取消了农村和城市地区的义务教育阶段的学杂费。与此同时，中国公共教育经费占GDP比重不断提升。2012年达到世界发展中国家4%的基础线，但与国际平均4.5%以及发达国家6.5%的水平还有很大距离。为实现经济持续增长动力机制的转换，提高我国人力资本水平，必须加大教育投入尤其是对高等教育的支出，提高高级人力资本的积累，并与创新融合，为中国经济增长培育新的动力[①]。

（二）促进人力资本结构的梯度升级

从世界各国的经济发展经验来看，经济体在赶超过程中的人力资本发展基本表现出3种模式。第一种主要以日本、韩国为代表。其主要特点是政府通过高的教育投入，发展高等教育，高等教育占很大的比重，同时在初中等教育普及的基础上向高等教育转移。第二种是以中国为代表的模式：大规模工业化形成对中等教育人力资源的巨大需求，在产业转型之前，高等教育回报率较低，经济体吸收有限。第三种模式是以拉美国家为代表的模式：劳动力市场主要是初等教育劳动者，中高等文化程度的比重很低。

目前我国的主要劳动者中，初中等教育水平的劳动者总共达到95%，这就要求本书继续大力发展高等教育，提高全民族的教育水平层次，通过教育的普及和人力资本结构的梯度升级来促进产业的效率改进和为创新机制打下人力资源基础。日韩的经验告诉我们，通过15年左右高层次人力资本的储备，然后能实现产业效率的持续提高和创新机制的形成。

（三）深化制度改革，使人力资本能够自由流通

要素的自由流动是市场机制充分发挥作用的必要条件。在价格信号的指引下，人力资本在不同行业、不同市场之间的自由流动，追求利润和效用的最大化，从而消除套利机会，实现生产要素资源的最优配置。因此我国应做到以下几个方面：一是继续深化经济社会体制改革、加强制度建设，缩小人

[①] 陈润：《经济赶超中的人力资本因素——基于国际经验比较》,《云南财经大学学报》,2017年第1期，第48-54页。

力资本在行业、地区以及单位性质等方面的差距，提高工人工资。二是纠正人力资本在行业和体制性错配问题，进一步深化户籍制度改革，充分发挥劳动力市场的作用，减少或消除社会阶层固化，使劳动力能够自由流通。三是大力提高知识部门的报酬水平，通过创新激励盘活人力资本创新动力，吸收高学历、高技能人才。破除行业垄断，将金融、医疗卫生等人力资本过度集中的行业加速市场化改革，促进人力资本回报的提升。

（四）将人力资本存量转化成创新人才

国家创新驱动战略意味着其产业发展需要朝着价值链的更高端攀升。目前我国人力资本结构存在高端研发人才和技能人才短缺、高等教育毕业生的就业不足等问题，这说明我国人力资本的供给和需求不匹配使得我国在创新和升级方面难以跨越。我国劳动密集型行业人才技能普遍低于OECD国家的员工平均水平，我国缺乏创新型人才支撑，严重制约了我国在全球产业中的竞争力。

突破中国在全球科技前沿领域创新能力上的瓶颈，就必须加强高校和科研院所在培养高端人才方面的作用。大力发展以基础科学和重大前沿问题为主要研究对象的研究型大学发展，提升高等人力资本存量，以应对创新动力不足的现象。同时也应大力扶持以实用技术革新和职业技术技能培养为重心的应用型大学和高等职业学校，训练一批高素质、高技能的现代技术工人。借鉴日本德国高等教育的经验，在完善和发展普通高等教育的同时，大力发展职业教育，构架普教、职教和企业之间的桥梁，实现产学研真正融合，建立健全技工等熟练工人激励机制体系，使其在竞争中提升人力资本[①]。

（五）积极参与经济全球化、促进人才国际流动

中国人力资本报酬水平存在较低的现象，甚至在某些年份低于简单劳动水平，人力资本并没有得到合理的市场报酬，随着国内劳动力成本上升，如

---

① 陈润：《经济赶超中的人力资本因素——基于国际经验比较》，《云南财经大学学报》，2017年第1期，第48—54页。

果高技能人力资本的报酬水平得不到合理提升，将会对未来人力资本的投资形成负向激励，这将影响我国人力资本投资和积累。我国家有可能陷入中低层次劳动者拥塞的人力资本结构。开放经济体中，发展中国家在赶超时期经济增长速度超过发达国家，人力资本具有更高的流动性，积极拥抱全球化会提高人力资本的报酬。人力资本在全球化中向外输出的方式包括脑力外流、对外服务贸易出口、对外金融服务。欧盟建立共同劳动市场实际上起到了促进高技能工人向欧盟边缘国家流动的效果；日本向中国、东南亚国家输出工程师也是这一原因。中国应积极参与世界经济合作，推进我国人力资本的国际交流。为了确保人力资本得到合理的回报，未来中国需要与全球化融合，建立辐射全球的现代服务业，促进服务贸易出口、建立国际资本市场，形成我国人力资本投资与回报的良性循环。

参考文献

中文文献

[1] 埃德蒙·惠特克：《经济思想流派》，徐宗士译，上海人民出版社，1974年版。

[2] 巴罗、萨拉-伊-马丁：《经济增长》，格致出版社2010年版。

[3] 贝克尔：《人类行为的经济分析》上海人民出版社2003年版。

[4] 边雅静、沈利生：《人力资本与我国东西部经济增长关系的实证研究》，数量经济技术经济研究，2004年第12期。

[5] 蔡昉、都阳：《中国地区经济增长的趋同与差异》，《经济研究》2000年第3期。

[6] 蔡昉、王德文：《中国经济增长可持续性与劳动贡献》，《经济研究》，1999年第10期。

[7] 陈昌兵：《可变折旧率估计及资本存量测算》，《经济研究》，2014年第12期。

[8] 陈昌兵、张平：《突破"中等收入陷阱"的新要素供给理论、事实及政策选择》，《经济学动态》，2016年第3期。

[9] 陈昌兵：《城市化与投资率和消费率间的关系研究》，《经济学动态》，2010年第9期。

[10] 陈岱孙：《从古典经济学派到马克思》，北京大学出版社1996年版。

[11] 陈润、赵鑫：《新增长模型的内生因素及评议》，《现代管理科学》，2017年第5期。

[12] 陈润：《经济赶超中的人力资本因素——基于国际经验比较》，《云南财经大学学报》，2017年第1期。

[13] 陈润：《劳动分工、人力资本与收益递增——新经济增长理论的文献综述》，中国社会科学院研究生院硕士论文，2013年6月。

[14] 陈钊、陆铭、金煜：《中国人力资本和教育发展的区域差异：对于面板数据的估算》，《世界经济》，2004年第12期。

[15] 邓晓芒：《〈纯粹理性批判〉句读》，人民出版社2010年版。

[16] 都阳、陆旸：《中国的自然失业率水平及其含义》，《世界经济》，2010年第4期。

[17] 范巧：《永续盘存法细节设定与中国资本存量估算：1952-2009年》，《云南财经大学学报》，2012年第3期。

[18] 范志勇、毛学峰：《开放条件下中国收入增长的效率及结构特征：1981—2010》，《经济研究》，2013年第3期。

[19] 冯晓、朱彦元、杨茜：《基于人力资本分布方差的中国国民经济生产函数研究》，《经济学（季刊）》2012年第2期。

[20] 龚六堂、谢丹阳：《我国省份之间的要素流动和边际生产率的差异分析》，《经济研究》，2004年第1期。

[21] 顾海兵、张越：《我国劳动力价格体系高度扭曲分析》，《社会科学论坛》，2009年第1期。

[22] 郭继强：《人力资本投资的结构分析》，《经济学（季刊）》，2005年第2期。

[23] 郭庆旺、贾俊雪：《中国潜在产出与产出缺口的估算》，《经济研究》，2004年第5期。

[24] 哈罗德：《动态经济学》，商务印书馆1981年版。

[25] 郝枫、盛卫燕：《中国要素替代弹性估计》，《统计研究》，2014年第7期。

[26] 郝枫：《中国省区资本存量估算：1952-2004》，《数据分析》，2006年第6期。

[27] 何枫、陈荣、何林：《中国资本存量的估算及其相关分析》，《经济学家》，2003年第5期。

[28] 何金定：《扩展的人口素质指数》，《南方人口》，1999年第1期。

[29] 贺菊煌：《我国资产的估算》，《数量经济与技术经济研究》，1992年第8期。

[30] 侯风云：《中国人力资本形成及现状》，经济科学出版社1999年版。

[31] 侯亚飞：《人口质量与经济增长方式》，中国经济出版社2000年版。

[32] 胡鞍钢：《从人口大国到人力资本大国：1980—2000年》，中国人口科学，2002年第5期。

[33] 胡永远：《人力资本与经济增长：一个协整分析》，《科技管理研究》，2005年第4期。

[34] 黄宗远、宫汝凯：《中国物质资本存量估算方法的比较与重估》，《学术论坛》，2008年第9期。

[35] 贾娜：《中国退休年龄的实证研究：基于人力资本及个体行为视角》，博士学位论文，2013年。

[36] 焦斌龙、焦志明：《中国人力资本存量估算：1978—2007》，《经济学家》，2010年第9期。

[37] 金子元久：《日本高等教育大众化的经验与启示》，《教育发展研究》，2007年第2期。

[38] 赖明勇、袁媛：《国际技术外溢及人力资本一个经验研究》，《科研管理》，2005年第4期。

[39] 李稻葵、刘霖林、王红领：《GDP中劳动份额演变的U型规律》，《经济研究》，2009年

第1期。

[40] 李海峥、贾娜、张晓蓓：《中国人力资本的区域分布及发展动态》，《经济研究》，2013年第7期。

[41] 李海峥、李波、裘越芳、郭大治、唐棠：《中国人力资本的度量：方法、结果及应用》，《中央财经大学学报》2014年第5期。

[42] 李海峥、梁赟玲、刘智强等：《中国人力资本测度与指数构建》，《经济研究》，2010年第8期。

[43] 李海峥：《中国人力资本报告2015》，2015北京。

[44] 李敬、陈澍等：《中国区域经济增长的空间关联及其解释》，《经济研究》，2014年第11期。

[45] 林毅夫，刘明兴：《中国经济的增长收敛与收入分配》，《世界经济》，2003年第3期。

[46] 林毅夫、刘培林：《经济发展战略对人均资本积累和技术进步的影响——基于中国经验的消化吸收》，《中国社会科学》，2003年第4期。

[47] 刘澈：《人力资本的全球雇佣在产业升级中的作用---以韩国半导体行业为例》，《现代管理科学》，2016年第3期。

[48] 刘霞辉、张平、袁富华：《尊重经济规律调整产业结构》，《人民日报》，2013年2月。

[49] 刘霞辉：《中国经济转型的路径分析》，《北京工商大学学报》，2016年第1期。

[50] 刘易斯：《经济增长理论》，商务印书馆1990年版。

[51] 陆明涛、刘澈：《人力资本测度与国际比较》，《中国人口科学》，2016年第3期。

[52] 陆明涛、袁富华、张平：《经济增长的结构性冲击与增长效率：国际比较的启示》，《世界经济》，2016年第1期。

[53] 陆旸、蔡昉：《人口结构变化对潜在增长率的影响：中国和日本的比较》，《世界经济》，2014年第1期。

[54] 马歇尔：《经济学原理》，黄道平、张桂玲译，商务印书馆1994年版。

[55] 马欣欣：《劳动力市场的产业分割》，《中国劳动经济学》，2012年第3期。

[56] 马忠东、吕智浩、叶孔嘉：《劳动参与率与劳动力增长：1982-2050年》，《中国人口科学》，2010年第1期。

[57] 麦克库洛赫：《政治经济学原理》，商务印书馆，1981年版。

[58] 明赛尔：《人力资本研究》，中国经济出版社，2001年版。

[59] 穆勒：《政治经济学原理》（上），商务印书馆1991年版。

[60] 聂盛：《我国经济转型期间的劳动力市场分割：从所有制分割到行业分割》，《当代经济科学》，2004年第6期。

[61] 彭国华：《我国地区全要素生产率与人力资本构成》，《中国工业经济》，2007年第2期。

[62] 钱纳里等：《工业化和经济增长的比较研究》，吴奇等译，上海人民出版社1995年版。

[63] 钱晓烨、迟巍、黎波：《人力资本对我国区域创新及经济增长的影响——基于空间计量的实证研究》，《数量经济技术经济研究》，2010年第4期。

[64] 钱雪亚、刘杰：《中国人力资本水平实证研究》，《统计研究》，2004年第3期。

[65] 钱雪亚：《中国人力资本水平再估算：1995—2005》，《统计研究》，2008年第10期。

[66] 钱雪亚、王秋实、伊立夫：《中国人力资本和物质资本存量：基于总资本框架的估算》，《商业经济与管理》，2009年第3期。

[67] 乔红芳、沈利生：《中国人力资本存量的再估算：1978—2011年》，《上海经济研究》，2015年第5期。

[68] 乔治、奥克斯利：《经济增长研究综述》，长春出版社2009年版。

[69] 琼斯：《现代经济增长理论导引》，商务印书馆1994年版。

[70] 沈坤荣：《1978—1997年中国经济增长因素实证分析》，《经济科学》，1999年第4期。

[71] 单豪杰：《中国资本存量K的再估计：1952-2006年》，《数量经济技术经济研究》，2008年第10期。

[72] 沈利生、朱运法：《人力资本与经济增长分析》，社会科学文献出版社1999年版。

[73] 沈利生、朱运法：《人力资源开发与经济增长关系的定量研究》，《数量经济技术经济研究》，1997年第12期。

[74] 石庆焱、李伟：《教育年限总和法人力资本测算》，《中国人口科学》，2014年第3期。

[75] 舒尔茨：《论人力资本投资》，北京经济学院出版社，1990年版。

[76] 斯密：《国民财富性质和原因的研究》，商务印书馆，2005年版。

[77] 宋家乐：《中国人力资本及其分布同经济增长的关系研究》，《管理世界》，2011年第5期。

[78] 孙三百、黄薇、洪俊杰：《劳动力自由迁移为何如此重要》，《经济研究》，2012年第5期。

[79] 索洛：《经济增长理论》，上海人民出版社1994年版。

[80] 瓦尔拉斯：《纯粹经济学要义》，商务印书馆1989年版。

[81] 王德劲、向蓉美：《我国人力资本存量估算》，《统计与决策》，2006年第5期。

[82] 王德劲：《我国人力资本测算及其应用研究》，西南财经大学博士学位论文，2007年版。

[83] 王弟海：《健康人力资本、经济增长和贫困陷阱》，《经济研究》，2012年第6期。

[84] 王弟海：《解读我国的高储蓄——我国高储蓄率的原因及其对未来经济的影响》，《世界经济情况》，2009年第12期。

[85] 王小鲁、樊纲：《中国经济增长的可持续性——跨世纪的回顾与展望》，经济科学出版社2000年版。

[86] 王小鲁、樊纲：《中国地区差距的变动趋势和影响因素》，《经济研究》，2004年第

1期。

[87] 王亚南：《资产阶级古典政治经济学选辑》，商务印书馆1979年版。

[88] 威廉、配第、陈冬野译：《政治算术》，商务印书馆出版，1978年版。

[89] 魏下海、李树培：《人力资本、人力资本结构与区域经济增长——基于分位数回归方法的经验研究》，《财贸研究》2009年第5期。

[90] 吴愈晓：《劳动力市场分割，职业流动与城市劳动者经济地位获得的二元路径模式》，《中国社会科学》2011年第6期。

[91] 谢千里、罗斯基、郑玉歆：《改革以来中国工业生产率变动趋势的估计及其可靠性分析》，《经济研究》，1995年第12期。

[92] 熊彼特：《经济发展理论》，商务印书馆1990年版。

[93] 雅各布、明塞尔：《人力资本研究》，张凤林译，中国经济出版社2001年版。

[94] 杨建芳、龚六堂、张庆华：《人力资本形成及其对经济增长的影响——一个包含教育和健康投入的内生增长模型及其检验》，《管理世界》，2006年第5期。

[95] 杨俊、李雪松：《教育不平等、人力资本积累与经济增长：基于中国的实证研究》，数量经济技术经济研究，2007年第2期。

[96] 姚先国、张海峰：《教育、人力资本与地区经济差异》，《经济研究》2008年第5期。

[97] 姚洋、崔静远：《中国人力资本的测算研究》，《中国人口科学》2015年第1期。

[98] 余长林：《人力资本投资结构与经济增长——基于包含教育资本，健康资本的内生增长模型理论研究》，《财经研究》，2006年第10期。

[99] 袁富华、张平、陆明涛：《长期经济增长过程中的人力资本结构——兼论中国人力资本梯度升级问题》，《经济学动态》，2015年第5期。

[100] 袁富华：《长期增长过程的"结构性加速"与"结构性减速"：一种解释》，《经济研究》，2012年第3期。

[101] 岳书敬：《中国区域研发效率差异及其影响因素——基于省级区域面板数据的经验研究》，《科研管理》，2008年第5期。

[102] 张超：《经济体制转型与人力资本积累关系的实证分析》，《经济研究》，2007年第12期。

[103] 张车伟，薛欣欣：《国有部门与非国有部门工资差异及人力资本贡献》，《经济研究》，2008年第4期。

[104] 张德荣：《"中等收入陷阱"发生机理与中国经济增长的阶段性动力》，《经济研究》，2013年第9期。

[105] 张帆：《中国的物质资本和人力资本估算》，《经济研究》，2000年第1期。

[106] 张军、施少华：《中国经济全要素生产率变动：1952—1998》，《世界经济文汇》，2003年第2期。

[107] 张军、章元：《对中国资本存量K的再估计》，《经济研究》，2003年第7期。

[108] 张军等：《中国省际物质资本存量估算：1952—2000》，《经济研究》，2004年第10期。

[109] 张军：《资本形成、投资效率与中国的经济增长——实证研究》，清华大学出版社2005年1。

[110] 张平、刘霞辉：《中国经济增长前沿》，社会科学文献出版社，2007年版。

[111] 张昭俊、赵宏中：《中国人力资本存量估算》，《统计研究》，2012年第6期。

[112] 郑京海、胡鞍钢，《中国的经济增长能否持续?——一个生产率视角》，《经济学（季刊）》，2008年3月。

[113] 中国经济增长课题组：《中国经济增长的低效率冲击与减速治理》，《经济研究》，2014年第12期。

[114] 中国经济增长前沿课题组：《中国经济长期增长路径、效率与潜在增长水平》，《经济研究》，2012年第11期。

[115] 中国经济增长前沿课题组：《中国经济转型的结构性特征、风险与效率提升路径》，《经济研究》，2013年第10期。

[116] 周德禄：《基于人口指标的群体人力资本核算理论与实证》，《中国人口科学》，2005年第3期。

[117] 周天勇：《劳动力与经济增长》，上海三联出版社1994年版。

[118] 周亚：《中国人力资本的分布差异研究》，《教育与经济》，2004年第2期。

[119] 朱平芳、徐大丰：《中国城市人力资本的估算》，《经济研究》，2007年第8期。

[120] 朱彤书、徐谨：《杜尔哥的经济学说》，经济科学出版社1985年版。

[121] 邹薇、张芬：《农村地区收入差异与人力资本积累》，《中国社会科学》，2006年第2期。

[122] 邹薇：《发展经济学》，经济日报出版社2007年版。

[123] 左大培、杨春学：《经济增长理论模型的内生化历程》中国经济出版社2007年版。

英文文献

[1] Acemoglu, Daron: *Introduction to Modern Economic Growth*, Princeton University Press 2009.

[2] Aghion, P. and P. Howitt, 1994, "Growth and Unemployment", *Review of Economic Studies*,61,477–94.

[3] Aghion, Philippe, Howitt, Peter: "A Model of Growth Through Creative Destruction", *Econometrica* 1992 2, pp. 323–351.

[4] Arrow, Kenneth J., 1962: "The Economic Implications of Learning–by–Doing", *Review of Eco-*

nomic Studies, 29,155–173.

[5]   Arrow, Kenneth Joseph: The economic implications of learning by doing, Springer 1971.

[6]   Barro & Lee （1993）, "Internantional comparisions of educational attainment", *Journal of Monetary Economics* 32 （3）: 363–394.

[7]   Barro, R. J. and Sala–i–Martin, X., 1992, Convergence, *Journal of Political Economy*, 100, 223–251.

[8]   Barro, Robert J., Lee, Jong: "A new data set of educational attainment in the world, 1950 – 2010", *Journal of Development Economics* 2013184–198.

[9]   Becker, Gary S.: "Investment in human capital: A theoretical analysis", *Journal of Political Economy* 19629–49.

[10] Becker, Gary S.: *Human capital: A theoretical and empirical analysis, with special reference to education*, University of Chicago Press 2009.

[11] Borland, J. and Yang, X., 1992: "Specialization and a New Approach to Economic Organization and Growth", *American Economic Review*, Papers and Proceedings, 82,386–91.

[12] Cass, D., "Optimum Growth in an Aggregative Model of Capital Accumulation", *Review of Economic Studies*, July1965.

[13] Eisner, Robert: *The total incomes system of accounts*, University of Chicago Press 1989.

[14] Engel, Ernst: *Der werth des menschen*, L. Simion 1883.

[15] Erosa A., Koreshkova T. ,and Restuccia D. How Important is Human Capital? A Quantitative Theory Assessment of World Income Inequality [J]. *Review of Economic Studies*,2010,77 （4）: 1421–1449.

[16] Erumban, Timmer, M., Gouma, R.: The world input–output database （WIOD）: contents, sources and methods, *Institute for International and Development Economics* 2012.

[17] Farr, William: "Equitable taxation of property", *Journal of Royal Statistics* 18531–45.

[18] Fraumeni, Barbara M. （2015）, "Choosing a Human Capital Measure: Educational Attainment Gaps and Rankings," *NBER Working Paper* 21283, June.

[19] Green, Andrew E.: "South Korea's automobile industry: Development and prospects", *Asian Survey* 1992 5, 411–428.

[20] Grossman, G. and Helpman, H., 1994: "Endogenous Innovation in the Theory of Growth", *Journal of Economic Perspectives*, 8, 1, 23–44.

[21] Grossman, Gene M., Helpman, Elhanan: "Quality Ladders in the Theory of Growth", The *Review of Economic Studies* 1991 1, pp. 43–61.

[22] Heijdra, Ben J., Romp, Ward E.: "Human capital formation and macroeconomic performance in an ageing small open economy", *Journal of Economic Dynamics and Control* 2009 3, 725–744.

[23]　Hendricks L. How Important is Human Capital for Development? Evidence from Immigrant Earnings [J]. *American Economic Review*. 2002,92（1）: 198–219.

[24]　Hobday, Michael, Rush, Howard, Bessant, John: "Approaching the innovation frontier in Korea: the transition phase to leadership", *Research Policy* 2004 10, 1433–1457.

[25]　Jones B. The Human Capital Stock: A Generalized Approach ［J］. *American Economic Review*,2014,104（11）: 3752–3777.

[26]　Jones, Charles I., Romer, Paul M.: The new Kaldor facts: ideas, institutions, population, and human capital, *National Bureau of Economic Research* 2009.

[27]　Jones, Charles. I, 1995a, "R&D Based Models of Economic Growth", *Journal of Political Economy,* August vol. 103, 4 759–784.

[28]　Jorgenson, Dale W. : *Productivity （Volume 2）: International Comparisons of Economic Growth,* The MIT Press 1995.

[29]　Jorgenson, Dale W. and Fraumeni, Barbara M. （1992a）, "Investment in Education and U.S. Economic Growth," *Scandinavian Journal of Economics*, Vol. 94, supplement, pp.S51–70.

[30]　Jorgenson, Dale W., Fraumeni, Barbara M.: *"The output of the education sector", in Griliches, Zvi （eds.）, Output measurement in the Service Sectors,* University of Chicago Press, 1992, 303–341.

[31]　Jorgenson, Dale, Fraumeni, Barbara M.: *"The Accumulation of Human and Nonhuman Capital, 1948-84",* in Lipsey, Robert E., Tice, Helen Stone（eds.）, The Measurement of Saving, Investment, and Wealth, University of Chicago Press, 1989, 227–285.

[32]　Jorgenson,Dale W.,Mun S. Ho, and Kevin J. Stiroh （2005）, *Information Technology and the American Growth Resurgence, volume 3 of Productivity,*Harvard University Press, Cambridge,

[33]　Kaldor, Nicholas: *Capital Accumulation and Economic Growth,* Springer 1961.

[34]　Kendrick, J. （1976）, *The Formation and Stocks of Total Capital,* NBER, Columbia University Press, New York, N.Y.

[35]　Kim, Linsu: "The dynamics of Samsung's technological learning in semiconductors", *California Management Review* 1997 3, 86–100.

[36]　Koman, R., and Marin, D. （1997）, "Human Capital and Macroeconomic Growth: Austria and Germany 1960–1997. An Update," *IAS Economics* 355 Series No. 69.

[37]　Koopmans （1965） *"On the Concept of Optimal Growth" in "The Econometric Aprroach to Development"* Planning North Holland, 1965.

[38]　Lagakos, David, Moll, Benjamin, Porzio, Tommaso, Qian, Nancy, Schoellman, Todd: *Experience Matters: Human Capital and Development Accounting*, The National Bureau of Economic Research 2012 Cambridge, MA.

[39] Le, Trinh Van Thi, Gibson, John, and Oxley, Les（2005）, "Measuring the Stock of Human Capital in New Zealand," *Mathematics and Computers in Simulation*, Volume 68, Issue 5–6, May.

[40] Lee, Keun: *Schumpeterian Analysis of Economic Catch-up: Knowledge, Path-creation, and the Middle-income Trap*, Cambridge University Press 2013.

[41] Liu, Gang（2011）*"Measuring the Stock of Human Capital for Comparative Analysis: An Application of the Lifetime Income Approach to Selected Countries,"* OECD Statistics.

[42] Lucas, R. E. 1988, "On the Mechanics of Economic Development", *Journal of Economics*, 22, 3–42.

[43] Lucas, Robert E.: "On the mechanics of economic development", *Journal of Monetary Economics* 1988 1, 3–42.

[44] Mankiw, N. Gregory, Romer, David, Weil, David N.: "A Contribution to the Empirics of Economic Growth", *The Quarterly Journal of Economics* 1992 2, pp. 407–437.

[45] Manuelli R. ,Seshadri A. Human Capital and Wealth of Nations [J]. *American Economic Review*,2014,104（9）: 2736–2762.

[46] Mincer, Jacob（1974）, *Schooling, Experience and Earnings,* New York: 356 Columbia University Press.

[47] Mincer, Jacob: "Investment in human capital and personal income distribution", *The Journal of Political Economy* 1958 281–302.

[48] Mincer, Jacob: "On–the–Job Training: Costs, Returns, and Some Implications", *Journal of Political Economy* 1962 5, 50–79.

[49] Mulligan, C. B., Sala–i–Martin, X.: "A labor income–based measure of the value of human capital: An application to the states of the United States", *Japan and the World Economy* 1997 2, 159–191.

[50] Murphy, Kevin M., Welch, Finis: "Empirical Age–Earnings Profiles", *Journal of Labor Economics* 1990 2, 202–229.

[51] OECD（2001）, *The Well-being of Nations: The Role of Human and Social Capital,* 2001, OECD, Paris.

[52] Pritchett, Lant: "Where has all the education gone?", *The World Bank Economic Review* 2001 3, 367–391.

[53] Psacharopoulos, George, Patrinos, Harry Anthony: "Returns to investment in education: a further update", *Education Economics* 2004 2, 111–134.

[54] Restuccia, Diego, Rogerson, Richard: "Misallocation and productivity", *Review of Economic Dynamics* 2013 1, 1–10.

[55] Romer, P., 1990b, "Are Non-convexities Important for Understanding Growth", *A.E.R* 80, 97–103.

[56] Romer, Paul M. 1986: "Increasing Returns and Long-Run Growth, *Journal of Political Economy,* 94, 1002–37.

[57] Romer, Paul M.: "Endogenous Technological Change", *Journal of Political Economy* 1990 5, pp. S71–S102.

[58] Rosen, S., 1983: "Specialization and Human Capital", *Journal of Labor Economics*, 1: 43–49.

[59] Schultz, Theodore W.: "Investment in human capital", *The American Economic Review* 1961 1–17.

[60] Sheshinski,E.,1967,: "Tests of the Learning-by-doing Hypothesis" *R.E.S*49,568–78.

[61] Solow, R., "A Contribution to the Theory of Economic Growth", *Q.J.E*, 1956, 65–94.

[62] Solow, Robert M.: "Technical change and the aggregate production function", *The Review of Economics and Statistics* 1957 312–320.

[63] Stiglitz, Joseph E.: *"Learning to learn, localized learning and technological progress", in Dasgupta, Partha, Stoneman, Paul, Acemoglu, Daron (eds.), Economic policy and technological performance,* Cambridge University Press, 1987, 125–153.

[64] Stokey,NaneyL.,1991, "Human Capital, Product Quality and Growth", *Quarterly journal Economics,*106,587–616

[65] Summers,R, and Heston,A.W.（1991）The Penn World Tabel（Mark 5）: "An Expanded Set of International Comparisons," *Q.J. E*,106,2, 327–368.

[66] Thompson, Peter: *"Chapter Learning by Doing", in Bronwyn, H. Hall And Nathan (eds.),* Handbook of the Economics of Innovation, North-Holland, 2010, 429–476.

[67] Van Leeuwen, Bas: *Human capital and economic growth in India, Indonesia, and Japan: a quantitative analysis, 1890-2000,* Box Press shop 2007.

[68] Vandenbussche, Jérôme, Aghion, Philippe, Meghir, Costas: "Growth, distance to frontier and composition of human capital", *Journal of Economic Growth* 2006 2, 97–127.

[69] Wei, Hui: "Measuring the stock of human capital for Australia", *Australian Bureau of Statistics Research Paper*（ABS Catalogue No. 1351）2004.

[70] Young, Allyn, 1928, "Increasing Returns and Economic Progress", *The Economic Journal,* 152: 527–542.

附表

附表1　根据教育成果法估计的我国人力资本（1990—1998年）

年份 地区	1990	1991	1992	1993	1994	1995	1996	1997	1998
北京	11.45	10.92	11.68	11.50	11.33	11.46	11.47	11.31	11.31
天津	10.73	9.93	9.86	10.27	10.21	10.55	10.50	10.47	10.27
河北	8.96	7.89	7.84	8.83	9.01	9.18	9.58	9.85	9.79
山西	9.06	8.72	8.58	9.23	9.19	9.41	9.44	9.35	9.44
内蒙古	9.14	8.68	8.68	9.14	9.07	9.22	9.16	9.31	9.30
辽宁	9.64	10.11	10.12	9.74	9.66	9.85	10.00	10.06	10.00
吉林	9.64	10.28	10.19	9.60	9.74	9.91	9.89	10.05	9.97
黑龙江	9.26	9.48	9.38	9.20	9.20	9.59	9.68	9.77	9.62
上海	11.49	10.76	10.49	11.37	11.27	11.36	11.28	11.00	10.96
江苏	9.16	9.84	9.46	9.31	9.63	9.92	9.96	9.93	9.99
浙江	9.21	10.05	9.98	9.46	9.53	9.86	10.00	10.04	10.00
安徽	8.33	8.45	8.39	8.49	9.00	9.38	9.33	9.37	9.41
福建	8.30	7.94	7.89	8.90	8.98	9.51	9.87	9.82	9.64
江西	8.20	8.56	8.57	8.92	9.09	9.32	9.42	9.45	9.45
山东	8.79	8.62	8.53	9.04	9.30	9.69	9.87	9.88	9.84
河南省	8.27	8.27	8.18	8.36	8.62	9.02	9.40	9.47	9.58
湖北省	8.84	8.43	8.30	8.82	9.04	9.23	9.50	9.57	9.58
湖南省	8.62	8.35	8.33	9.05	9.14	9.36	9.56	9.63	9.58
广东	9.41	8.06	8.16	9.29	9.34	9.51	9.55	9.53	9.57

年份 地区	1990	1991	1992	1993	1994	1995	1996	1997	1998
广西	8.01	7.27	7.28	8.26	8.57	8.92	9.08	9.04	9.23
海南	9.24	7.45	7.47	8.95	8.67	8.67	8.48	8.68	8.82
重庆	11.40	11.30	11.74	12.50	12.94	12.83	9.67	9.43	9.50
四川	8.06	8.90	8.34	8.97	9.08	9.29	9.33	9.34	9.46
贵州	8.06	7.09	7.07	8.09	8.28	8.32	8.22	8.39	8.38
云南	8.06	7.47	7.39	8.32	8.51	8.64	8.59	8.63	8.85
陕西	9.65	8.32	8.01	9.55	9.68	9.90	9.95	9.87	9.69
甘肃	9.36	8.37	8.29	9.33	9.25	9.37	9.36	9.41	9.34
青海	9.82	9.47	9.08	9.63	9.57	9.68	9.73	9.94	10.01
宁夏	9.54	8.83	9.03	9.29	9.46	9.42	9.54	9.37	9.44
新疆	9.75	8.37	8.63	9.58	9.48	9.42	9.49	9.50	9.71

附表2 根据教育成果法估计的我国人力资本（1999—2007年）

年份 地区	1999	2000	2001	2002	2003	2004	2005	2006	2007
北京	11.54	11.88	12.00	12.18	12.44	13.21	13.81	14.02	14.03
天津	10.27	10.58	10.66	11.12	11.56	12.29	12.84	13.35	13.45
河北	9.76	9.77	9.78	9.76	9.98	10.36	10.90	11.29	11.83
山西	9.35	9.45	9.51	9.79	10.45	10.44	11.01	11.38	11.90
内蒙古	9.39	9.58	9.70	10.03	10.39	10.83	11.35	11.93	12.57
辽宁	9.93	10.02	10.24	10.40	10.61	11.26	12.05	12.28	12.70
吉林	9.86	9.62	9.77	9.73	10.15	10.89	11.27	12.09	12.33
黑龙江	9.48	9.57	9.62	9.79	10.10	10.56	10.87	11.41	11.92
上海	11.31	11.58	11.61	11.86	12.15	13.16	13.78	13.82	13.92
江苏	9.99	10.20	10.15	10.24	10.44	11.13	11.80	12.09	12.31
浙江	10.17	10.61	10.75	10.82	11.24	11.92	12.38	12.61	12.86
安徽	9.36	9.42	9.57	9.58	9.92	10.29	10.59	11.05	11.42
福建	9.54	9.60	9.71	9.93	9.68	10.33	11.20	11.60	11.81
江西	9.39	9.41	9.39	9.75	9.99	10.52	11.31	11.92	12.62

续表

年份 地区	1999	2000	2001	2002	2003	2004	2005	2006	2007
山东	9.82	9.92	9.91	10.00	10.09	10.71	11.42	11.92	12.29
河南	9.53	9.49	9.41	9.78	9.84	10.04	10.64	10.98	11.34
湖北	9.41	9.51	9.51	10.00	10.26	10.74	11.35	12.10	12.39
湖南	9.53	9.68	9.83	9.85	10.20	10.57	11.02	11.43	12.13
广东	9.53	9.49	9.58	9.67	9.82	10.18	10.58	10.84	11.04
广西	9.09	9.11	9.25	9.46	9.58	9.91	10.34	10.97	11.05
海南	9.07	8.98	9.12	9.06	9.05	9.63	10.23	10.10	10.35
重庆	9.30	9.64	9.53	9.65	10.16	10.70	11.41	12.30	12.59
四川	9.35	9.42	9.54	9.50	9.77	10.60	11.28	12.04	12.15
贵州	8.31	8.24	8.35	8.70	9.09	9.52	9.84	10.13	10.25
云南	8.92	8.96	8.77	8.96	9.17	9.39	9.85	10.24	10.55
陕西	9.61	9.57	9.64	9.79	10.32	10.87	11.40	12.02	12.36
甘肃	9.35	9.28	9.18	9.45	9.76	10.39	10.87	11.32	11.38
青海	9.84	9.56	9.46	9.67	10.10	10.50	11.12	11.44	12.62
宁夏	9.35	9.33	9.39	9.46	10.07	10.92	11.55	11.56	11.62
新疆	9.60	9.46	9.44	9.54	9.95	10.07	10.52	10.70	10.98

附表3　根据教育成果法估计的我国人力资本（2008—2016年）

年份 地区	1999	2000	2001	2002	2003	2004	2005	2006	2007
北京	13.93	13.95	14.14	14.14	14.20	14.08	13.69	13.77	13.68
天津	13.78	13.70	13.83	14.06	14.18	13.71	13.37	13.82	13.85
河北	12.22	12.66	12.95	13.19	13.22	12.59	12.42	12.71	12.67
山西	11.88	12.25	12.63	12.11	12.11	11.23	10.64	10.92	10.78
内蒙古	12.57	12.93	13.16	13.18	13.27	13.35	13.26	13.25	13.23
辽宁	13.05	12.89	13.01	13.14	13.21	13.34	13.45	13.59	13.63
吉林	12.69	13.63	13.26	13.31	13.39	13.47	13.31	13.20	13.15
黑龙江	12.60	12.97	12.74	12.81	12.87	11.79	11.58	11.30	11.01

年份 地区	1999	2000	2001	2002	2003	2004	2005	2006	2007
上海	13.95	13.80	13.46	13.55	13.42	13.28	13.59	13.98	14.08
江苏	12.69	12.76	13.17	13.13	13.25	13.40	13.35	13.34	13.32
浙江	12.98	12.75	13.02	12.99	13.03	13.11	12.91	13.05	12.94
安徽	11.61	11.79	12.28	12.65	13.18	12.22	11.66	12.31	12.30
福建	12.27	12.78	12.61	13.20	13.34	13.39	13.42	13.60	13.69
江西	12.78	13.40	12.98	12.62	12.43	11.40	11.05	11.69	11.69
山东	12.71	12.95	13.09	13.17	13.25	13.31	12.91	12.63	12.44
河南	11.38	11.76	11.91	11.95	12.07	11.07	11.23	12.03	12.41
湖北	12.77	12.68	12.51	12.55	12.66	12.77	12.95	13.25	13.48
湖南	12.56	13.19	13.16	13.25	13.39	12.73	13.25	13.17	13.11
广东	11.42	11.74	12.43	11.77	11.82	11.73	12.04	12.41	12.69
广西	11.50	12.01	12.81	12.68	12.92	12.23	12.94	13.13	13.15
海南	10.51	10.72	11.33	12.09	12.80	13.46	13.19	13.08	13.03
重庆	12.95	12.83	12.59	12.68	12.65	12.45	12.03	12.68	12.64
四川	12.41	12.63	12.61	12.65	12.71	12.74	12.23	12.14	11.99
贵州	10.66	10.62	10.65	10.81	10.90	10.23	9.66	10.09	10.06
云南	10.75	10.86	11.27	10.81	10.80	10.65	11.00	11.74	12.23
陕西	12.53	12.59	12.97	13.38	13.60	13.65	13.71	13.75	13.78
甘肃	11.67	11.63	11.62	11.58	11.57	10.95	11.25	11.68	11.90
青海	12.17	12.57	12.20	12.24	12.19	12.10	12.35	12.48	12.64
宁夏	12.04	12.52	12.29	11.97	11.84	11.64	11.07	10.87	10.65
新疆	11.21	11.39	11.73	11.74	11.91	11.26	12.02	12.73	13.24

附表4 根据生均教育支出估计的人均人力资本投资（1990—1998年）

年份 地区	1990	1991	1992	1993	1994	1995	1996	1997	1998
北京	8.3	8.14	9.61	8.9	8.46	9.02	8.85	8.25	8.02
天津	6.29	5.17	5.13	5.66	5.49	6.44	6.14	5.72	4.9

续表

年份 地区	1990	1991	1992	1993	1994	1995	1996	1997	1998
河北	2.46	2	1.99	2.44	2.65	2.88	3.14	3.17	2.95
山西	2.46	2.35	2.29	2.58	2.64	2.91	2.89	2.78	2.76
内蒙古	2.57	2.35	2.35	2.55	2.63	2.97	2.76	2.83	2.74
辽宁	3.3	3.63	3.71	3.44	3.41	3.75	4.11	3.99	3.76
吉林	3.28	3.73	3.69	3.17	3.31	3.58	3.73	3.78	3.71
黑龙江	2.8	2.97	2.88	2.72	2.81	3.28	3.45	3.36	3.16
上海	8.83	7.83	7.29	8.38	8.05	8.45	7.96	7.02	6.8
江苏	2.94	3.35	3.06	2.9	3.16	3.63	3.7	3.53	3.5
浙江	2.64	3.12	3.02	2.61	2.74	3.06	3.23	3.21	3.07
安徽	2.14	2.15	2.12	2.14	2.46	2.86	2.64	2.55	2.56
福建	2.55	2.41	2.3	2.8	2.78	3.13	3.34	3.15	2.84
江西	2.04	2.28	2.25	2.35	2.49	2.79	2.84	2.77	2.7
山东	2.28	2.22	2.2	2.44	2.83	3.05	3.03	2.97	2.87
河南	2.02	2.04	1.98	2.07	2.24	2.53	2.68	2.62	2.62
湖北	2.78	2.64	2.47	2.75	3.01	3.18	3.5	3.45	3.35
湖南	2.41	2.32	2.24	2.62	2.73	2.96	3.1	3.02	2.92
广东	2.94	2.15	2.18	2.72	2.68	2.88	3	2.92	2.93
广西	1.97	1.62	1.6	2.01	2.19	2.48	2.49	2.36	2.45
海南	2.99	1.72	1.76	2.35	2.32	2.38	2.32	2.38	2.36
重庆	6.15	5.98	6.88	8.09	6.34	4.96	3.88	3.44	3.52
四川	1.95	2.3	2.05	2.33	2.51	2.82	2.76	2.9	2.92
贵州	1.96	1.51	1.49	1.93	2.05	2.11	2.1	2.16	2.11
云南	2.12	1.82	1.77	2.21	2.39	2.52	2.41	2.4	2.49
陕西	3.37	2.58	2.47	3.43	3.82	4.58	4.43	4.08	3.75
甘肃	2.71	2.21	2.19	2.69	2.78	3.17	3.08	3.01	2.93
青海	2.89	2.73	2.47	2.66	2.76	2.94	3	3.13	3.18
宁夏	2.64	2.36	2.34	2.47	2.67	2.76	2.91	2.66	2.82
新疆	2.88	2.2	2.35	2.77	2.88	3.09	3.28	3.11	3.12

附表5　根据生均教育支出估计的人均人力资本投资（1999—2007年）

年份 地区	1999	2000	2001	2002	2003	2004	2005	2006	2007
北京	8.67	9.54	9.9	11.02	12.2	13.93	15.25	16.13	16.29
天津	5.3	5.83	5.81	7.36	8.97	10.87	12.77	14.12	14.93
河北	2.85	2.88	2.95	3.22	4.06	4.69	5.57	6.43	7.42
山西	2.75	2.86	2.92	3.51	4.76	4.46	5.86	6.8	7.82
内蒙古	2.83	3.09	3.24	3.68	4.57	5.23	5.91	7.22	8.81
辽宁	4.08	4.62	5.09	5.63	6.4	7.72	9.56	10.03	11
吉林	3.94	3.86	4.12	4.39	5.39	7.03	8.07	9.83	10.22
黑龙江	3.12	3.38	3.43	4.07	5.08	6.09	6.8	8.02	9.81
上海	7.77	8.17	8.63	9.94	11.36	13.66	14.89	15.2	15.71
江苏	3.79	4.52	4.68	5.3	5.85	7.35	8.35	9.18	9.56
浙江	3.36	4.03	4.5	5.13	6.53	7.65	8.26	9.15	10.1
安徽	2.49	2.66	2.87	3.19	3.81	4.42	5.06	5.78	6.42
福建	2.75	2.88	3.11	3.54	3.83	4.66	6.07	7.06	7.69
江西	2.73	2.76	2.88	3.44	4.07	5.11	6.74	8.21	10.61
山东	2.84	3.06	3.11	3.5	3.78	4.96	6.31	7.31	8.51
河南	2.57	2.62	2.56	3.01	3.34	3.7	4.38	5.11	5.88
湖北	3.32	3.71	3.78	4.62	5.49	6.35	7.46	9.44	9.56
湖南	2.94	3.29	3.54	3.81	4.52	4.91	5.84	6.73	8.08
广东	2.85	2.91	3.11	3.55	3.96	4.58	5.35	6.02	6.47
广西	2.38	2.48	2.63	2.9	3.13	3.65	4.3	5.54	6.06
海南	2.48	2.47	2.54	2.51	2.75	3.45	4.56	5.08	5.72
重庆	3.47	4.1	3.67	3.96	5.12	6	6.67	8.79	9.95
四川	2.95	3.18	3.29	3.3	3.96	5.11	6.22	7.56	8.33
贵州	2.1	2.19	2.32	2.49	2.85	3.19	3.55	4.17	4.5
云南	2.53	2.56	2.44	2.68	2.91	3.16	3.78	4.52	5.05
陕西	3.86	3.91	4.07	4.53	5.74	6.7	7.51	8.64	9.56
甘肃	2.98	2.98	3.1	3.51	3.99	4.77	5.4	6.1	6.24
青海	3.27	3.07	3.16	3.33	4.34	4.8	5.88	6.08	7.76
宁夏	2.67	2.86	2.91	3.04	3.78	4.77	5.52	5.95	6.45

续表

年份 地区	1999	2000	2001	2002	2003	2004	2005	2006	2007
新疆	3.01	3.06	3.2	3.24	4	4.26	4.8	5.07	5.47

附表6　根据生均教育支出估计的人均人力资本投资（2008—2016年）

年份 地区	2008	2009	2010	2011	2012	2013	2014	2015	2016
北京	16.41	16.54	17.12	17.14	17.36	16.81	15.79	16.35	16.24
天津	15.41	14.95	15.55	16.72	17.28	16.29	15.79	17.04	17.31
河北	8.33	9.31	10.37	11.07	11.41	10.82	10.94	11.75	12
山西	7.63	8.74	9.51	8.19	8.09	7.51	7.32	8.21	8.55
内蒙古	8.54	9.53	10.66	10.78	11.31	11.79	11.23	11.19	11.06
辽宁	12.38	11.85	12.53	13.02	13.31	13.61	14.27	14.81	15.17
吉林	11.36	13.92	13.12	13.21	13.33	13.43	13.38	13.41	13.5
黑龙江	11.98	12.74	11.68	11.91	11.96	10.18	9.87	9.41	8.92
上海	15.84	15.73	15.27	15.73	15.69	15.61	16	17.07	17.34
江苏	10.69	11	12.92	12.79	13.43	14.14	13.81	13.81	13.78
浙江	10.71	10.89	11.97	12.16	12.64	13.06	12.56	12.7	12.47
安徽	6.54	7.01	8.28	9.58	11.18	9.46	9.07	10	10.07
福建	8.98	10.26	10.22	11.99	12.65	13.08	13.15	14.18	14.68
江西	11.05	12.36	11.74	10.87	10.38	9.32	9.13	10.29	10.57
山东	9.95	10.79	11.34	12.36	12.99	13.39	12.71	12.13	11.82
河南	6.14	7.13	7.65	8.04	8.52	7.37	8.15	9.92	11.19
湖北	10.88	10.34	9.97	10.61	11.08	11.45	12.11	13.32	14.23
湖南	9.2	10.9	11.31	12.49	13.4	11.92	13.01	12.97	12.93
广东	7.43	8.38	9.9	8.13	8.2	8.11	8.82	10.01	10.92
广西	6.81	7.98	10.11	9.84	10.52	9.54	10.41	10.97	11
海南	5.91	7.24	8.36	9.76	11.33	12.83	12.34	12.14	12.02
重庆	11.06	10.73	10.39	10.72	10.77	10.69	10.5	12.21	12.34
四川	8.87	9.28	9.52	9.6	9.79	9.95	8.96	8.94	8.63
贵州	4.98	4.96	5.12	5.58	5.89	5.33	4.89	5.35	5.39

年份 地区	2008	2009	2010	2011	2012	2013	2014	2015	2016
云南	5.41	5.76	6.77	6.12	6.28	6.45	7.4	8.42	9.37
陕西	10.14	10.26	11.52	12.86	13.69	13.89	14.11	14.29	14.44
甘肃	6.82	7.08	7.18	7.21	7.33	6.6	7.32	8.37	9.05
青海	6.94	7.13	6.97	7.14	7.17	7.2	8.21	8.84	9.63
宁夏	7.34	8.24	8.06	7.68	7.61	7.59	7.02	6.9	6.75
新疆	6.01	6.22	7.1	7.29	7.75	7	8.08	9.89	11.32

附表7 我国教育事业各项经费情况（亿元）

年份	教育经费合计	国家财政性教育经费		民办学校办学经费	社会捐赠经费	事业收入	学杂费	其他
		总财政教育经费	其中预算内					
1992	867	729	539	—	70	—	44	—
1993	1060	868	644	3	70	—	87	—
1994	1489	1175	884	11	97	—	147	—
1995	1878	1412	1028	20	163	—	201	—
1996	2262	1672	1212	26	188	—	261	—
1997	2532	1863	1358	30	171	—	326	—
1998	2949	2032	1566	48	142	609	370	118
1999	3349	2287	1816	63	126	750	464	123
2000	3849	2563	2086	86	114	938	595	148
2001	4638	3057	2582	128	113	1158	746	182
2002	5480	3491	3114	173	127	1461	923	228
2003	6208	3851	3454	259	105	1722	1121	272
2004	7243	4466	4028	348	93	2011	1347	324
2005	8419	5161	4666	452	93	2340	1553	372

续表

年份	教育经费合计	国家财政性教育经费		民办学校办学经费	社会捐赠经费	事业收入	学杂费	其他
		总财政教育经费	其中预算内					
2006	9815	6348	5796	549	90	2407	1552	421
2007	12148	8280	7655	81	93	3177	2131	517
2008	14501	10450	9686	70	103	3367	2349	512
2009	16503	12231	11419	75	125	3528	2516	544
2010	19562	14670	13490	105	108	4106	3016	572
2011	23869	18587	16805	112	112	4425	3317	634
2012	28655	23148	20314	128	96	4620	3505	664
2013	30365	24488	21406	147	86	4926	3738	717
2014	32806	26421	22576	131	80	5427	4053	748
2015	36129	29221	25862	—	—	—	—	—

资料来源：根据历年《中国统计年鉴》

附表8　1978—2015年我国城乡居民人口及收入

年份	城镇居民家庭人均可支配收入（元）	农村居民家庭人均纯收入（元）	年末总人口（万人）	城镇人口（万人）	乡村人口（万人）	居民总收入（元）	居民实际总收入（元）	居民实际总收入（1990年不变价）（元）
1978	343.4	133.6	96259	17245	79014	16478203.4	163636.6	354109.6
1979	405	160.2	97542	18495	79047	20153804.4	197780.2	420016.1
1980	477.6	191.3	98705	19140	79565	24362048.5	226623.7	447866.4
1981	500.4	223.4	100072	20171	79901	27943451.8	272619	525800
1982	535.3	270.1	101654	21480	80174	33153241.4	325031.8	614832.8
1983	564.6	309.8	103008	22274	80734	37587293.6	368502.9	683325

年份	城镇居民家庭人均可支配收入（元）	农村居民家庭人均纯收入（元）	年末总人口（万人）	城镇人口（万人）	乡村人口（万人）	居民总收入（元）	居民实际总收入（元）	居民实际总收入（1990年不变价）（元）
1984	652.1	355.3	104357	24017	80340	44206287.7	430441	776875.9
1985	739.1	397.6	105851	25094	80757	50655958.6	463458	765006.2
1986	900.9	423.8	107507	26366	81141	58140685.2	545921.9	846257.2
1987	1002.1	462.6	109300	27674	81626	65492303	610366.3	881730.7
1988	1180.2	544.9	111026	28661	82365	78706400.7	662511.8	805888.4
1989	1373.9	601.5	112704	29540	83164	90608152	767865.7	791644.3
1990	1510.2	686.3	114333	30195	84138	103344398.4	1002370	1002370
1991	1700.6	708.6	115823	31203	84620	113025553.8	1093090	1056947
1992	2026.6	784	117171	32175	84996	131842719	1239123	1126192
1993	2577.4	921.6	118517	33173	85344	164153120.6	1431152	1134021
1994	3496.2	1221	119850	34169	85681	224078158.8	1805626	1152618
1995	4283	1577.7	121121	35174	85947	286248823.9	2444482	1332794
1996	4838.9	1926.1	122389	37304	85085	344392544.1	3179987	1600719
1997	5160.3	2090.1	123626	39449	84177	379507022.4	3691703	1807840
1998	5425.1	2162	124761	41608	83153	405504346.8	4087745	2017765
1999	5854	2210.3	125786	43748	82038	437429383.4	4436403	2221281
2000	6280	2253.4	126743	45906	80837	470447775.8	4685735	2336389
2001	6859.6	2366.4	127627	48064	79563	517977697.6	5143771	2547167
2002	7702.8	2475.6	128453	50212	78241	580466413.2	5851476	2921014
2003	8472.2	2622.2	129227	52376	76851	645258639.4	6376074	3145161
2004	9421.6	2936.4	129988	54283	75705	733732874.8	7061914	3352782
2005	10493	3254.9	130756	56212	74544	832465781.6	8177463	3813800
2006	11759.5	3587	131448	58288	73160	947862656	9338548	4290577
2007	13785.8	4140.4	132129	60633	71496	1131896450	10800539	4735082
2008	15780.8	4760.6	132802	62403	70399	1319910742	12463746	5160043

续表

年份	城镇居民家庭人均可支配收入（元）	农村居民家庭人均纯收入（元）	年末总人口（万人）	城镇人口（万人）	乡村人口（万人）	居民总收入（元）	居民实际总收入（元）	居民实际总收入（1990年不变价）（元）
2009	17174.7	5153.2	133450	64512	68938	1463225548	14735403	6144010
2010	19109.4	5919	134091	66978	67113	1677151240	16235733	6553652
2011	21809.8	6977.3	134735	69079	65656	1964700783	18640425	7139448
2012	24564.7	7916.6	135404	71182	64222	2256984361	21997898	8211739
2013	26467	9429.59	136072	73111	62961	2528725253	24646445	8966864
2014	28843.9	10488.9	136782	74916	61866	2809770917	27546774	9825485
2015	31194.8	11421.7	137462	77116	60346	3094875022	30521450	10736089

资料来源：《中国统计年鉴2016年》

附表9　1978—2015年我国劳动人口平均年龄及贴现年龄

年份	平均年龄			贴现年数		
	总	男性	女性	总	男性	女性
1978	33.20	33.99	32.41	27	28	25
1979	33.36	33.63	32.87	27	28	24
1980	33.53	33.54	33.51	26	28	23
1981	32.66	33.25	32.08	27	29	25
1982	33.03	33.49	32.57	27	29	24
1983	33.18	33.68	32.67	27	28	24
1984	32.86	33.44	32.28	27	29	25
1985	33.24	33.98	32.67	27	28	24
1986	32.70	33.83	31.58	27	28	25
1987	33.25	34.26	32.24	27	28	25
1988	32.90	33.69	32.11	27	28	25
1989	33.06	33.54	32.58	27	28	24
1990	33.00	34.00	32.00	27	28	25

年份	平均年龄			贴现年数		
	总	男性	女性	总	男性	女性
1991	33.23	34.06	32.31	27	28	25
1992	33.47	34.13	32.89	27	28	24
1993	33.70	34.19	33.28	26	28	24
1994	33.93	34.01	33.60	26	28	23
1995	34.17	34.32	34.01	26	28	23
1996	34.53	34.54	34.51	25	27	22
1997	34.87	35.06	34.69	25	27	22
1998	35.19	35.51	34.87	25	26	22
1999	35.48	35.93	35.03	25	26	22
2000	35.75	36.34	35.15	24	26	22
2001	35.94	36.59	35.28	24	25	22
2002	36.17	36.83	35.52	24	25	21
2003	36.40	37.05	35.75	24	25	21
2004	36.62	37.33	35.90	23	25	21
2005	37.10	37.85	36.34	23	24	21
2006	37.27	37.95	36.58	23	24	20
2007	37.55	38.25	36.85	22	24	20
2008	37.90	38.59	37.21	22	23	20
2009	38.07	38.77	37.37	22	23	20
2010	37.54	38.26	36.82	22	24	20
2011	37.01	37.75	36.26	23	24	21
2012	37.28	38.06	36.51	23	24	20
2013	37.59	38.37	36.81	22	24	20
2014	37.85	38.66	37.03	22	23	20
2015	38.09	38.92	37.27	22	23	20

资料来源：根据《中国人口统计年鉴》计算得出

附表10 1978—2015年我国死亡率（每千人）

1978	6.25	1991年	6.7	2004年	6.42
1979	6.21	1992年	6.64	2005年	6.51
1980	6.34	1993年	6.64	2006年	6.81
1981	6.36	1994年	6.49	2007年	6.93
1982	6.6	1995年	6.57	2008年	7.06
1983	6.9	1996年	6.56	2009年	7.08
1984	6.82	1997年	6.51	2010年	7.11
1985	6.78	1998年	6.5	2011年	7.14
1986	6.86	1999年	6.46	2012年	7.15
1987	6.72	2000年	6.45	2013年	7.16
1988	6.64	2001年	6.43	2014年	7.2
1989	6.54	2002年	6.41	2015年	7.11
1990	6.67	2003年	6.4		

资料来源：世界银行

附表11 不同折旧率下的我国人力资本结果（亿元）

年份	$g=0.03$，$r=0.0458$			$g=0.0275$，$r=0.05$			$g=0.03$，$r=0.06$		
	名义人力资本存量	实际人力资本存量	1990年不变价人力资本存量	名义人力资本存量	实际人力资本存量	1990年不变价人力资本存量	名义人力资本存量	实际人力资本存量	1990年不变价人力资本存量
1978	36539	36285	78522	33866	33630	72776	31250	31032	67154
1979	44469	43639	92675	41233	40464	85932	38065	37355	79329
1980	53486	49754	98327	49616	46154	91213	45824	42627	84242
1981	62965	61429	118478	58274	56852	109651	53693	52383	101032
1982	73892	72444	137035	68454	67112	126950	63137	61899	117088
1983	83410	81775	151637	77302	75786	140533	71326	69927	129668
1984	99042	96438	174055	91710	89299	161170	84546	82323	148580
1985	112195	102649	169437	103997	95148	157056	95973	87807	144938
1986	130846	122860	190451	121111	113719	176281	111603	104792	162442
1987	145006	135140	195223	134414	125269	180963	124047	115608	167006
1988	176093	148226	180305	163078	137271	166978	150357	126563	153953

续表

年份	g=0.03，r=0.0458				g=0.0275，r=0.05		g=0.03，r=0.06		
	名义人力资本存量	实际人力资本存量	1990年不变价人力资本存量	名义人力资本存量	实际人力资本存量	1990年不变价人力资本存量	名义人力资本存量	实际人力资本存量	1990年不变价人力资本存量
1989	201781	171001	176296	186945	158428	163334	172436	146132	150658
1990	230543	223611	223611	213559	207137	207137	196953	191031	191031
1991	250375	242142	234135	232076	224445	217023	214167	207125	200276
1992	289993	272550	247710	268967	252789	229750	248371	233432	212157
1993	358479	312537	247649	332698	290059	229838	307419	268020	212375
1994	485808	391465	249891	451154	363541	232066	417144	336135	214571
1995	616063	526100	286843	572479	488881	266550	529664	452318	246615
1996	732746	676589	340577	681573	629338	316792	631230	582853	293392
1997	798450	776702	380354	743389	723141	354125	689144	670373	328284
1998	844258	851067	420098	786721	793065	391467	729963	735850	363225
1999	902034	914842	458056	841219	853163	427174	781158	792249	396675
2000	961370	957540	477446	897212	893638	445583	833780	830458	414081
2001	1051639	1044328	517146	981968	975142	482885	913033	906686	448986
2002	1168865	1178291	588194	1092140	1100948	549585	1016152	1024346	511346
2003	1288938	1273654	628263	1205093	1190803	587394	1121974	1108670	546880
2004	1454578	1399979	664667	1360763	1309685	621799	1267678	1220094	579264
2005	1622007	1593327	743095	1519407	1492541	696090	1417405	1392343	649360
2006	1835264	1808142	830747	1719993	1694574	778569	1605313	1581589	726658
2007	2168679	2069350	907227	2034065	1940902	850914	1899985	1812963	794824
2008	2495912	2356857	975749	2343254	2212704	916069	2190983	2068917	856540
2009	2748849	2768226	1154228	2581952	2600153	1084149	2415362	2432388	1014198
2010	3214781	3112082	1256211	3015134	2918814	1178197	2816290	2726321	1100496
2011	3840381	3643625	1395541	3596582	3412317	1306948	3354292	3182441	1218903
2012	4367342	4256668	1589000	4093220	3989494	1489264	3820486	3723671	1390033
2013	4837783	4715188	1715479	4537992	4422994	1609173	4239341	4131912	1503271
2014	5324170	5219774	1861808	4997771	4899775	1747670	4672273	4580660	1633847
2015	5808849	5728648	2015084	5456523	5381186	1892862	5104808	5034327	1770852

附表12 1978—2015年城乡人力资本总量及增长率计算结果（现价和1990年不变价）

年份	城市总量			农村总量		
	现价	1990年不变价	1990年不变价增长率（%）	现价	1990年不变价	1990年不变价增长率（%）
1978	13040	28219	—	23245	50302	—
1979	16219	34444	22.06	27420	58231	15.76
1980	18669	36895	7.12	31085	61432	5.50
1981	22189	42796	16.00	39240	75682	23.20
1982	25125	47527	11.05	47319	89508	18.27
1983	27360	50735	6.75	54415	100903	12.73
1984	34166	61665	21.54	62272	112391	11.39
1985	37583	62037	0.60	65065	107400	−4.44
1986	50194	77808	25.42	72666	112643	4.88
1987	57224	82665	6.24	77916	112557	−0.08
1988	63703	77490	−6.26	84523	102815	−8.66
1989	76594	78966	1.91	94407	97330	−5.33
1990	98668	98668	24.95	124943	124943	28.37
1991	113682	109923	11.41	128460	124212	−0.58
1992	134796	122511	11.45	137754	125199	0.79
1993	162786	128989	5.29	149750	118660	−5.22
1994	208700	133223	3.28	182765	116668	−1.68
1995	276882	150963	13.32	249218	135880	16.47
1996	354628	178510	18.25	321961	162066	19.27
1997	416625	204023	14.29	360077	176331	8.80
1998	473754	233851	14.62	377313	186247	5.62
1999	535610	268177	14.68	379231	189879	1.95
2000	586779	292578	9.10	370761	184868	−2.64
2001	664729	329170	12.51	379599	187975	1.68
2002年	785112	391922	19.06	393179	196272	4.41
2003年	875883	432052	10.24	397771	196211	−0.03
2004年	975825	463292	7.23	424154	201375	2.63

年份	城市总量			农村总量		
	现价	1990年不变价	1990年不变价增长率（%）	现价	1990年不变价	1990年不变价增长率（%）
2005年	1128930	526510	13.65	464396	216585	7.55
2006	1307540	600747	14.10	500602	230000	6.19
2007	1528158	669962	11.52	541192	237265	3.16
2008	1758422	727994	8.66	598435	247755	4.42
2009	2096138	873997	20.06	672088	280231	13.11
2010	2374969	958671	9.69	737113	297540	6.18
2011	2794055	1070148	11.63	849570	325393	9.36
2012	3297789	1231053	15.04	958879	357946	10.00
2013	3608152	1312717	6.63	1107036	402762	12.52
2014	4014289	1431831	9.07	1205485	429977	6.76
2015	4452830	1566308	9.39	1275818	448776	4.37

附表13　1978—2015年我国城乡人均人力资本存量计算结果（现价和1990年不变价）（元）

年份	城市人均人力资本	城市人均人力资本（1990年不变价）	农村现价	农村人均人力资本（1990年不变价）
1978	7561.75	16363.62	2941.90	6366.28
1979	8769.53	18623.42	3468.84	7366.60
1980	9753.92	19276.25	3906.88	7720.99
1981	11000.50	21216.65	4911.09	9472.02
1982	11696.90	22125.95	5901.98	11164.24
1983	12283.44	22777.51	6740.01	12498.18
1984	14225.90	25675.44	7751.05	13989.39
1985	14977.05	24721.84	8056.93	13299.15
1986	19037.39	29510.68	8955.54	13882.37
1987	20677.86	29871.09	9545.53	13789.41
1988	22226.49	27036.61	10262.00	12482.84

年份	城市人均人力资本	城市人均人力资本（1990年不变价）	农村现价	农村人均人力资本（1990年不变价）
1989	25929.02	26731.97	11351.85	11703.39
1990	32676.83	32676.83	14849.76	14849.76
1991	36433.05	35228.38	15180.79	14678.84
1992	41894.55	38076.35	16207.11	14730.02
1993	49071.98	38883.84	17546.65	13903.68
1994	61078.73	38989.49	21330.91	13616.55
1995	78717.76	42918.93	28996.73	15809.76
1996	95064.44	47852.86	37839.92	19047.59
1997	105611.11	51718.13	42776.15	20947.63
1998	113861.25	56203.41	45375.76	22398.07
1999	122430.83	61300.40	46226.32	23145.25
2000	127821.82	63734.20	45865.24	22869.21
2001	138300.85	68485.82	47710.53	23625.99
2002	156359.41	78053.46	50252.29	25085.57
2003	167229.91	82490.43	51758.72	25531.31
2004	179766.22	85347.54	56027.16	26600.00
2005	200834.40	93665.01	62298.28	29054.63
2006	224324.13	103065.27	68425.58	31438.00
2007	252034.09	110494.69	75695.42	33185.76
2008	281784.89	116660.13	85006.16	35192.91
2009	324922.26	135478.18	97491.62	40649.69
2010	354589.47	143132.18	109831.55	44334.17
2011	404472.49	154916.54	129397.15	49560.25
2012	463289.79	172944.47	149306.93	55735.76
2013	493516.98	179551.23	175828.87	63970.02
2014	535838.66	191124.92	194854.27	69501.34
2015	577419.79	203110.60	211417.13	74367.14

附表14　1979—2012年估算的我国人力资本及其他变量指标情况

年份	k/gdp	h/gdp	（h+k）/gdp	h/k	gdp增速（%）	h增速（%）	k增速（%）
1979	1.80	10.64	12.44	5.92	9.39	18.02	9.25
1980	1.89	10.85	12.74	5.73	4.11	6.10	9.53
1981	1.94	12.45	14.39	6.40	5.00	20.49	7.95
1982	1.97	13.48	15.45	6.84	6.77	15.66	8.17
1983	1.95	13.58	15.53	6.97	9.84	10.66	8.64
1984	1.82	13.25	15.07	7.27	17.66	14.78	10.11
1985	1.77	11.28	13.05	6.37	14.33	−2.65	10.97
1986	1.83	11.84	13.67	6.46	7.09	12.40	10.88
1987	1.87	11.10	12.97	5.94	9.34	2.51	11.50
1988	1.98	9.76	11.74	4.94	4.99	−7.64	11.12
1989	2.21	9.95	12.17	4.49	−4.08	−2.22	7.42
1990	2.22	11.85	14.07	5.34	6.56	26.84	6.66
1991	2.12	11.00	13.12	5.20	12.74	4.71	7.60
1992	1.99	10.02	12.01	5.03	16.16	5.80	9.33
1993	1.94	8.76	10.70	4.52	14.37	−0.02	11.27
1994	1.98	8.05	10.03	4.06	9.84	0.91	12.27
1995	2.07	8.58	10.65	4.15	7.72	14.79	12.53
1996	2.15	9.42	11.57	4.39	8.09	18.73	12.24
1997	2.21	9.74	11.96	4.40	7.99	11.68	11.27
1998	2.28	9.99	12.27	4.38	7.73	10.45	11.11
1999	2.34	10.10	12.44	4.32	7.83	9.04	10.54
2000	2.34	9.55	11.89	4.07	10.27	4.23	10.41
2001	2.36	9.42	11.78	3.99	9.79	8.32	10.51
2002	2.37	9.68	12.05	4.08	10.68	13.74	11.22
2003	2.39	9.27	11.66	3.88	11.56	6.81	12.54
2004	2.38	8.65	11.03	3.63	13.35	5.79	12.98
2005	2.37	8.51	10.87	3.60	13.70	11.80	12.86
2006	2.33	8.24	10.57	3.54	15.41	11.80	13.49
2007	2.25	7.66	9.91	3.41	17.51	9.21	13.53

年份	k/gdp	h/gdp	（h+k）/gdp	h/k	gdp增速（%）	h增速（%）	k增速（%）
2008	2.28	7.38	9.66	3.23	11.65	7.55	13.47
2009	2.40	7.93	10.33	3.31	10.03	18.29	15.47
2010	2.41	7.53	9.94	3.13	14.55	8.84	15.04
2011	2.45	7.45	9.89	3.04	12.41	11.09	14.18
2012	2.58	7.88	10.46	3.05	7.64	13.86	13.60
2013	2.74	7.92	10.66	3.29	7.36	7.96	14.04
2014	2.95	8.11	11.05	3.58	6.06	8.53	13.94
2015	3.18	8.31	11.49	3.87	5.52	8.23	13.84

附表15 1980—2015年我国医疗卫生健康支出

指标名称	政府卫生支出		城镇医疗保健		农村医疗保健		个人医疗保健总支出		总医疗保健支出	
年份	亿元	增速	亿元	增速	亿元	增速	亿元	增速	亿元	增速
1980	52	—	8	—	30	—	39	—	91	—
1981	60	14.9%	9	6.6%	31	1.7%	40	2.8%	99	9.8%
1982	69	15.6%	12	32.5%	39	24.6%	50	26.3%	119	19.9%
1983	78	12.5%	12	6.4%	40	3.4%	52	4.1%	130	9.0%
1984	89	15.2%	16	33.6%	49	23.2%	66	25.6%	155	19.4%
1985	108	20.3%	21	30.7%	62	25.8%	83	27.0%	191	23.2%
1986	122	13.5%	26	19.9%	71	14.5%	97	15.9%	219	14.6%
1987	127	4.1%	32	23.4%	87	22.6%	119	22.8%	246	12.4%
1988	145	14.2%	48	51.0%	110	26.8%	158	33.2%	303	23.4%
1989	168	15.4%	62	29.3%	137	24.1%	198	25.6%	366	20.8%
1990	187	11.6%	78	25.5%	160	17.0%	238	19.7%	425	16.0%
1991	204	9.0%	100	29.2%	189	18.0%	289	21.6%	493	16.0%
1992	229	12.0%	158	57.5%	205	8.7%	363	25.6%	592	20.0%
1993	272	19.0%	189	19.6%	232	13.0%	421	15.9%	693	17.1%
1994	342	25.8%	283	50.1%	275	18.5%	558	32.7%	900	30.0%

续表

指标名称	政府卫生支出		城镇医疗保健		农村医疗保健		个人医疗保健总支出		总医疗保健支出	
年份	亿元	增速	亿元	增速	亿元	增速	亿元	增速	亿元	增速
1995	387	13.2%	387	36.8%	365	32.9%	752	34.8%	1140	26.6%
1996	462	19.2%	534	38.0%	496	35.8%	1030	36.9%	1492	30.9%
1997	524	13.4%	709	32.6%	526	6.0%	1235	19.8%	1758	17.8%
1998	590	12.7%	854	20.4%	567	7.8%	1420	15.0%	2010	14.3%
1999	641	8.6%	1074	25.9%	574	1.4%	1649	16.1%	2290	13.9%
2000	710	10.7%	1460	35.9%	708	23.2%	2168	31.5%	2878	25.7%
2001	801	12.8%	1650	13.0%	769	8.6%	2419	11.6%	3219	11.9%
2002	909	13.5%	2160	30.9%	813	5.8%	2973	22.9%	3881	20.6%
2003	1117	22.9%	2493	15.4%	890	9.4%	3383	13.8%	4499	15.9%
2004	1294	15.8%	2867	15.0%	988	11.1%	3855	14.0%	5149	14.4%
2005	1553	20.0%	3378	17.8%	1253	26.8%	4631	20.1%	6183	20.1%
2006	1779	14.6%	3617	7.1%	1401	11.8%	5018	8.4%	6797	9.9%
2007	2582	45.1%	4239	17.2%	1503	7.3%	5742	14.4%	8324	22.5%
2008	3594	39.2%	4906	15.7%	1732	15.2%	6638	15.6%	10232	22.9%
2009	4816	34.0%	5525	12.6%	1982	14.5%	7507	13.1%	12323	20.4%
2010	5732	19.0%	5839	5.7%	2188	10.4%	8027	6.9%	13760	11.7%
2011	7464	30.2%	6694	14.6%	2868	31.0%	9561	19.1%	17025	23.7%
2012	8432	13.0%	7571	13.1%	3300	15.1%	10871	13.7%	19303	13.4%
2013	9546	13.2%	8176	8.0%	3865	17.1%	12041	10.8%	21587	11.8%
2014	10579	10.8%	7969	−2.5%	3179	−17.8%	11147	−7.4%	21727	0.6%
2015	12475	17.9%	8624	8.2%	3705	16.5%	12329	10.6%	24804	14.2%

附表16 OECD及部分大国人均人力资本估计结果（1950—1980年）

国家 \ 年份	1950	1955	1960	1965	1970	1975	1980
韩国	26	29	53	79	126	142	177
爱尔兰	67	75	80	82	99	127	175

年份 国家	1950	1955	1960	1965	1970	1975	1980
美国	233	264	291	331	375	470	558
希腊	48	49	69	70	102	151	213
加拿大	154	199	240	256	312	398	485
俄罗斯	45	51	48	73	91	145	220
以色列	188	188	192	220	251	331	413
日本	62	79	96	97	125	214	294
澳大利亚	207	223	238	248	398	371	400
卢森堡	34	49	69	94	124	157	185
瑞士	165	172	176	170	180	199	215
爱沙尼亚	67	82	107	135	164	193	226
比利时	72	85	104	117	147	214	284
冰岛	53	65	76	86	98	120	155
荷兰	23	24	24	79	123	160	210
西班牙	26	30	35	41	55	100	144
丹麦	64	109	123	141	168	203	240
新西兰	54	62	67	74	188	294	395
英国	30	31	32	85	145	182	184
瑞典	91	104	113	123	130	214	290
匈牙利	73	83	90	97	146	182	223
斯洛文尼亚	32	34	28	53	74	102	133
挪威	22	25	27	59	94	116	154
德国	59	58	59	60	58	110	147
波兰	47	55	65	85	105	106	108
墨西哥	29	29	27	39	50	79	112
芬兰	50	59	69	83	105	161	205
拉脱维亚	83	96	117	141	166	191	219
法国	30	33	40	55	81	110	131
奥地利	42	41	41	43	47	52	55

续表

国家 \ 年份	1950	1955	1960	1965	1970	1975	1980
斯洛伐克	31	39	43	60	72	89	103
捷克	31	38	42	57	70	88	105
意大利	27	33	40	44	49	63	77
智利	56	47	42	57	78	87	90
巴西	19	22	28	35	44	87	99
土耳其	17	17	19	20	25	31	63
中国	13	14	11	18	20	31	45
葡萄牙	14	15	16	19	22	32	47
印度	5	8	12	16	18	19	19
阿根廷	27	43	62	68	81	103	123

附表17 OECD及部分大国人均人力资本估计结果（1985—2010年）

国家 \ 年份	1985	1990	1995	2000	2005	2010	2010年排名
韩国	238	318	450	624	834	1142	1
爱尔兰	251	324	444	548	701	984	2
美国	670	757	749	785	803	860	3
希腊	267	348	417	451	716	833	4
加拿大	283	351	420	495	773	822	5
俄罗斯	331	457	482	635	710	807	6
以色列	482	556	623	692	717	760	7
日本	382	450	502	574	644	665	8
澳大利亚	450	497	530	483	582	664	9
卢森堡	212	248	294	338	462	649	10
瑞士	255	312	360	380	458	630	11
爱沙尼亚	267	280	411	547	557	615	12
比利时	357	428	492	521	565	613	13
冰岛	198	247	300	374	479	613	14

年份 国家	1985	1990	1995	2000	2005	2010	2010年排名
荷兰	267	335	404	447	504	565	15
西班牙	154	161	270	397	507	561	16
丹麦	314	353	403	447	523	551	17
新西兰	493	566	584	603	623	532	18
英国	201	294	365	428	473	517	19
瑞典	331	383	431	457	468	508	20
匈牙利	269	290	315	337	414	493	21
斯洛文尼亚	174	212	255	300	363	453	22
挪威	206	280	337	402	442	450	23
德国	178	250	327	386	387	440	24
波兰	135	156	194	231	319	420	25
墨西哥	134	155	210	265	339	388	26
芬兰	231	259	349	410	415	379	27
拉脱维亚	260	267	291	307	310	354	28
法国	150	180	213	256	291	348	29
奥地利	80	112	176	243	307	329	30
斯洛伐克	133	157	176	185	223	275	31
捷克	175	227	198	178	185	244	32
意大利	95	120	155	184	206	243	33
智利	151	215	257	289	276	237	34
巴西	111	122	135	150	160	228	35
土耳其	205	201	199	186	167	216	36
中国	63	82	119	157	168	179	37
葡萄牙	69	92	101	117	102	106	38
印度	28	40	62	92	85	82	39
阿根廷	145	163	135	99	84	71	40

附表18　OECD及部分大国人力资本总量估计结果（1950—1970年）

年份\国家	1950	1955	1960	1965	1970
美国	26888191	31888753	37450622	45987749	56443208
中国	2918860	3346128	2907370	5220216	6710854
俄罗斯	3280271	4159877	4034989	6523738	8690104
印度	1926984	3232229	4992927	7092211	8957980
日本	3338427	4711804	6283257	7090945	9870900
韩国	281147	371057	767026	1287407	2327435
巴西	585726	818045	1167140	1678577	2409837
墨西哥	474763	511084	551964	916806	1341040
德国	3114026	3210955	3354216	3493628	3466981
英国	1156751	1213800	1264129	3506377	6032893
加拿大	1485769	2124303	2853568	3354354	4731292
西班牙	527808	635157	781017	961158	1331660
法国	959025	1087401	1344085	1992078	3080621
波兰	831182	1042551	1286529	1849571	2503259
土耳其	215079	249108	310619	373023	535640
意大利	922276	1216354	1499816	1735983	1989204
澳大利亚	1249074	1456111	1706941	2006543	3605172
希腊	257749	284082	420142	448029	676506
荷兰	167021	184455	193506	698467	1165132
比利时	494506	589532	724839	844468	1084310
匈牙利	513195	603844	667913	752519	1192456
以色列	161726	215212	259553	367916	486808
瑞士	590600	647836	719423	754612	850396
瑞典	491240	575893	659254	749646	827854
爱尔兰	142115	153153	157124	162807	202364
智利	215543	195403	193263	294408	449572
丹麦	200813	354417	422464	510098	636449
奥地利	222216	222510	222776	238790	266444
阿根廷	324861	566553	889223	1062616	1372700

续表

年份\国家	1950	1955	1960	1965	1970
捷克	210556	261900	295627	423600	540748
新西兰	72452	90347	106736	130185	362238
挪威	54802	63741	70603	165731	274000
芬兰	141672	172445	213109	275822	363687
斯洛伐克	77297	100981	119786	179694	238690
葡萄牙	85468	92961	98591	122071	136200
斯洛文尼亚	33880	37550	32075	63418	93700
拉脱维亚	121002	148005	193578	248368	307770
爱沙尼亚	54807	72939	100758	134294	174248
卢森堡	8047	11935	17068	24395	32677
冰岛	5269	6812	8760	10869	13317

附表19　OECD及部分大国人力资本总量估计结果（1975—1990年）

年份\国家	1975	1980	1985	1990
美国	77450025	99969218	127657333	151323475
中国	11711502	18976483	30106429	43967084
俄罗斯	14896241	23894511	36634810	52093740
印度	10628096	12255083	20683570	33181547
日本	18100954	26281869	36268331	45348378
韩国	3119217	4461077	6805546	10097478
巴西	5629324	7457707	9486573	11804552
墨西哥	2486422	4166718	5844188	7954253
德国	6815272	9368649	11591204	16685176
英国	7730099	8101885	9077425	13531039
加拿大	6807438	9179894	5763018	7708369
西班牙	2587927	3976654	4542841	5109967
法国	4427649	5483796	6540202	8124045

年份\国家	1975	1980	1985	1990
波兰	2747889	2911915	3744797	4437761
土耳其	741711	1749443	6575247	7403164
意大利	2656275	3393375	4310469	5730940
澳大利亚	3663619	4369656	5387866	6543407
希腊	1041860	1585805	2089628	2858453
荷兰	1629056	2303135	3116016	4099787
比利时	1634753	2239941	2856283	3497077
匈牙利	1527096	1864279	2236053	2399953
以色列	744972	1039724	1333230	1722193
瑞士	978903	1091394	1377800	1771480
瑞典	1390030	1935256	2275878	2690581
爱尔兰	277875	413577	623819	828152
智利	570241	674415	1265384	1981438
丹麦	795822	974711	1310113	1506435
奥地利	305187	327998	497630	717332
阿根廷	1890157	2406970	3036919	3679931
捷克	684742	826399	1379341	1841645
新西兰	635120	900643	1210399	1480647
挪威	353635	490804	685545	962363
芬兰	592179	779430	911581	1040285
斯洛伐克	309896	377960	501023	618410
葡萄牙	209767	337690	529770	731326
斯洛文尼亚	135492	186964	254480	322808
拉脱维亚	370004	438135	528512	569877
爱沙尼亚	216120	260995	317241	343881
卢森堡	44369	54651	64134	77447
冰岛	18216	25583	35252	47378

附表20 OECD及部分大国人力资本总量估计结果（1995—2010年）

年份 国家	1995	2000	2005	2010	2010年排名
美国	157295795	175016132	189736760	214598634	1
中国	71212794	105668212	125645201	148408937	2
俄罗斯	56244020	76070015	86130713	95575614	3
印度	55868197	87997555	87951179	89114728	4
日本	52888741	62242546	70931268	73708896	5
韩国	15517966	23092136	32476895	46651734	6
巴西	14752691	18311924	21470295	33149683	7
墨西哥	12411935	17593543	25046249	31649347	8
德国	22387062	26844736	27440301	31537690	9
英国	17013442	20322903	23148029	25982531	10
加拿大	9809734	12285215	20546749	23245510	11
西班牙	9011980	13807129	18701703	20977726	12
法国	9991350	12342510	14400036	17567798	13
波兰	5776893	7204777	10286952	13745920	14
土耳其	8376210	8782221	8677477	12231386	15
意大利	7554841	9121049	10313559	12220868	16
澳大利亚	7426658	7253025	9427492	11496294	17
希腊	3698102	4193791	6821373	8036484	18
荷兰	5096062	5793561	6719810	7758230	19
比利时	4089112	4432601	4895005	5405416	20
匈牙利	2663122	2865656	3525980	4194299	21
以色列	2368885	3021877	3483095	4049209	22
瑞士	2079835	2246997	2775275	3909528	23
瑞典	3084009	3309486	3494338	3906522	24
爱尔兰	1212495	1633005	2322647	3469726	25
智利	2599770	3215935	3374012	3158500	26
丹麦	1738410	1946052	2308016	2486097	27
奥地利	1170206	1639067	2123264	2332209	28
阿根廷	3330124	2617542	2400755	2160392	29

年份 国家	1995	2000	2005	2010	2010年排名
捷克	1662717	1528798	1615171	2150631	30
新西兰	1644975	1775689	1973381	1775951	31
挪威	1183647	1447111	1642877	1738067	32
芬兰	1445400	1737656	1801519	1686349	33
斯洛伐克	729582	803033	1004879	1264976	34
葡萄牙	830846	999459	901027	957104	35
斯洛文尼亚	410301	498120	613937	769306	36
拉脱维亚	575926	597341	610531	689827	37
爱沙尼亚	473423	612705	626980	685950	38
卢森堡	97004	119576	174125	262079	39
冰岛	60945	80479	110682	148871	40